상처가 별이 되어

김양재 목사의 가정 잠언록

상처가 별이 되어

지은이 **김양재**

그린이 **황중환**

QTM

프롤로그

우리들교회 목장 이름은 전공과목이 있고 거기에 따른 닉네임이 있습니다. 그중에 '스타워즈' 목장이 있습니다. 별 인생을 꿈꾸다가 별들의 전쟁을 거치면서 별 인생 없는 것을 깨닫고 별을 나누어 주는 인생이 된 진정한 별들이 모여 있는 스타워즈 목장, 즉 별들의 목장이란 뜻입니다. 별별 고난의 상처를 가지고 왔지만 상처가 해석이 되니, 그 고난을 약재료로 나누어 주어 별처럼 빛나는 인생이 된 것입니다. 그래서 목장마다 같은 고난을 가진 성도가 오면 상처가 별이 되어 나누어 줄 것만 있는 인생이 되는 것입니다.

주님은 우리에게 각각 재능대로 달란트를 주셨습니다(마 25:15). 나의 고난은 재능이 될 수도 있습니다. 부끄러운 것이 아닙니다. 주님께서 주셨다면 선하지 않은 것이 하나도 없습니다.

별다른 인생, 즉 '별 인생' 없습니다. 그저 고난의 봄, 여름, 가을, 겨울을 맞이할 때 성경을 교과서로, 환난을 주제로, 성령님을 스승으로 모시고 가면서 주어진 작은 것에도 최선을 다하는 사람이 '별 볼 일 있는' 사람입니다. 그래서 가장 평범한 삶이 가장 비범한 삶입니다.

　　상처가 별이 되려면 자기의 죄를 볼 수 있어야 합니다. 자기 죄를 볼 수 있는 사람은 죽은 자를 일으키는 사람보다 더 위대하다고 했습니다. 그래서 '거룩한 사람은 완전무결한 사람이 아니라 자기 죄를 잘 보는 사람'입니다. 자기 죄를 보며 믿음으로 중심 잡는 한 사람이 있는 가정은, 믿음 안에서 진정한 행복을 누릴 수 있습니다. 이것이 상처가 별이 되는 가치관입니다.

　　인생의 해, 달, 별이 떨어지는 사건 앞에서도 공동체와 함께 묶여서 말씀으로 고난을 해석하고, 어떤 경우에도 가정은 지킬 만한 가치가 있다는 것을 믿어야 합니다. 각자의 십자가를 지고 오직 하나님의 100% 옳으심을 믿으며 하루하루를 살아 내야 합니다. 모쪼록 이 책을 펼치는 분들에게 '상처가 별이 되어' 모든 사람을 비춰 줄 수 있는 은혜가 있기를 기도합니다.

2014년 10월
우리들교회 담임목사 **김양재**

CONTENTS

PART 2.

여름, 고난의 의미

PART 3.

가을, 가정의 목적

PART 4.

겨울, 사명 받은 가정

PART 1.

봄, 가족 구원

보배로운 믿음

지금 내게 주신

남편,
아내,
부모님,
자녀는

나에게 꼭 맞는 하나님의 세팅입니다.

당장 눈앞에 보이는 육신의 것만 변하기를
바라면 응답 받을 수 없습니다.

육신의 응답만 응답이라고 여기니
조급한 마음에 일희일비하지만
하나님 나라는 눈에 보이는 것이 아닙니다.

내 환경이 여전하고, 내 식구가 안 변합니까?
하나님은 내가 큰 일꾼이 되라고, 내게 큰 열매를 주시려고
배우자와 자녀가 수고하게 하십니다.

말씀을 보며 함께 걸어가는 우리는 높은 사람, 낮은 사람
상관없이 동일하게 보배로운 믿음을 가진 것입니다.
누가 낫고 못하고가 없습니다.

예수님을 믿게 되었지만,
예수님이 다시 이 땅에 오셔야만
우리는 온전해질 수 있습니다.
그러므로 삶 속에서 끊임없이
거룩을 이루는 과정을 거쳐야 합니다.

예수님을 알게 되면 죽음의 문제가 해결되고,
죽음의 문제가 해결되면 세상이 감당 못하는
평강을 누리게 됩니다.

내가 죄를 짓고 잘못 살았어도 안 믿는 사람에게 복음을 전하기 위해 나서서 이야기해야 할 때가 있습니다. 듣는 가족이 "너나 잘 살아라, 네가 제대로 잘 살면 나도 예수 믿겠다"고 할지도 모릅니다. 그러나 '제대로' 살 수 있는 사람이 어디 있겠습니까. 우리는 제대로 잘 살 수가 없습니다.

내 죄를 생각할 때 할 말이 없는 인생이지만, 내가 예수님을 믿고 구원 받았다면 그 죄 사함의 은혜를 믿고 담대하게 전해야 합니다. 누군가를 설득하기 위해서는 무엇보다 진실이 필요합니다. 하나님을 모르는 배우자, 교회 오기 싫어하는 자녀를 설득하기 위해서는 내가 진실하게 상대방을 사랑하고 대화하려는 자세가 필요합니다. 가까운 식구일수록 내가 진실하지 않고는 결코 전도할 수 없습니다.

"당신 말이 맞다. 나는 제대로 살지 못했다.
그런데 내가 제대로 살고 못 살고에 관계없이
당신이 예수님을 안 믿으면 지옥에 가는 것이다."
이렇게 담대하게 말할 수 있어야 합니다.
행함으로 구원 받을 수 없고
예수님을 믿는 것만이 선이기 때문입니다.

우리는 행위 이야기만 나오면
숨고 싶어 합니다.
내 행위를 욕하는 게 듣기 싫어서
가까운 가족에게 전하기가 더 어렵습니다.

내가 본을 보인 게 없어서, 내세울 것이 없어서 전도를 못 하
겠다고 생각하십니까? 본을 못 보인 정도가 아니라 숨기고
만 싶은 나의 잘못한 부분으로 주님의 일을 하라고 하십니다.
내가 죄를 회개하고 사함을 받았다면 그 잘못한 죄를 통해서
다른 가족에게도 하나님의 은혜를 전할 수 있습니다.

하나님께 계수되는 인생

남편이 교회에 안 나오고,
직분이 없는 것 때문에 열등감 느끼지 마십시오.
직분이 있건 없건, 누가 나를 알아주건 몰라주건
나에게 주신 가족의 구원을 위해 힘쓰면 됩니다.
하나님의 일을 하고 싶다면 먼저 가족의 구원을 위해
애통하는 기도를 해야 합니다.

내게 주신 가족과 종족을 따라 영혼 구원을 위해 힘쓸 때,
직분이 아닌 영적인 열매로 하나님께 계수되는
축복의 인생을 살 수 있습니다.

고난을 겪으면서 말씀을 듣고, 함께 나누며
삶으로 예수님을 알아갈 때 구원이 풍성해집니다.
어떤 환경이든 우리를 부르신 예수님을 아는 것이
중요합니다.

카타콤의 그리스도인들은 지하 묘지의 어둡고 두려운
환경에서도 늘 예배하고 기도하며 생명과 경건에 속하는
능력을 얻어 예수님을 앎으로 평안할 수 있었습니다.
이렇게 카타콤에서 누리는 평강 때문에
로마가 전도됐습니다. 고난 속에서 경건해지는 것이
가장 신기한 능력입니다.

힘든 가정환경, 어려운 시험과 같이
우리의 인생에는 각자의 카타콤이 있습니다.
성공과 실패가 중요한 게 아니라,
나에게 주시는 환난 속에서
예수님을 알아야 합니다.

성경이 교과서가 되고,
성령이 스승이 되고,
환난이 주제가 되어
예수님을 날마다 알아 갈 때
어떤 환경에도 평안할 수 있는
신기한 능력을 얻을 수 있습니다.

천국에서 만나는 내 아들, 내 딸

부모로서 자녀에게 대접을 받고 싶다면 자녀가 공부를 안하고 속을 썩여도 한결같은 태도로 부모로서 받고 싶은 대접을 먼저 해야 합니다. 내 자녀에 대한 최고의 대접은 주변의 다른 힘든 아이들, 이웃들을 전도하고 돌보고 양육하는 것입니다. 내 자녀도 돌보아야 하지만 힘든 사람들을 돕고 헌신할 때 지금 당장은 아니더라도 훗날 반드시 자녀에게 대접 받는 부모가 될 것입니다.

우리는 육신의 정욕, 안목의 정욕, 이생의 자랑을 버리지 못
합니다. 내가 못 하면 자식이라도 회중 가운데서 부름 받았
으면 좋겠고, 예수를 믿어도 으스대면서 믿고 싶어 합니다.

어릴수록 공부도 좀 못하고, 무시도 좀 받는 것이 유익할 수
있습니다. 그렇다고 공부 잘하는 자녀를 두신 분들은 부디
상처 받지 마시기 바랍니다. 내가 무엇을 할 수 있다는 것
보다 겸손할 수밖에 없어서 겸손한, 태생적 겸손이 그만큼
유익합니다.

연약한 자를 쓰시는 하나님께서 '못하는 그 부분'으로 내 자녀를 불러 주심을 믿으시기 바랍니다. 내 자식이 지극히 평범하더라도, 혹은 남보다 못하더라도 구원 빚은 하나님의 자녀로 천국 입성에 계수될 수만 있다면 그것이 최고의 자랑이요 축복입니다.

자녀들의 인생에도 깜깜하고 두려운 사건이 찾아옵니다. 그럴 때 부모는 바로 '나 자신'을 보아야 합니다. 말씀의 빛으로 나를 바라보고 내 죄가 깨달아지면, 어떤 어두움도 하나님이 쓰시는 밝은 환경으로 변화됩니다.

예수님도 여인의 깜깜한 자궁 속에 하나의 작은 점이 되어서 이 땅에 오셨습니다. 주님이 직접 이 깜깜함 가운데 오셨기에 오늘 어두운 환경에 있는 나에게 위로가 되어 주십니다. 그러므로 내 어두움에서 '비추시는 빛'인 예수님을 바라보아야 합니다.

자녀가 대학에 떨어져도,

집이 망해도,

날마다 부부가 싸워도

그 환경 때문에

빛이신 예수님을 바라보고 있다면

하나님이 "보시기에 좋았더라" 하는

인생이 되는 것입니다.

가족을 사랑한다면

가족의 행복, 개인의 행복은
재물로 지켜지는 것이 아닙니다.
그것을 알면서도 우리는
재물이 나와 내 자녀를 살릴 것처럼
착각하며 살아갑니다.

가족을 사랑한다면 그들의 출세와 성공이 아니라
그 내면에 관심을 가져야 합니다.
예수님은 "내 이름을 위하여 집이나 형제나 자매나
부모나 자식이나 전토를 버린 자마다 여러 배를 받고
또 영생을 상속하리라"(마 19:29)고 하셨습니다.
여기서 '버린다'는 것은 나를 힘들게 하는 식구들을
버리라는 뜻이 아니라, 하나님께 맡긴다는 뜻입니다.

하나님께서 보시기에
돈 많은 부모도, 돈 없는 부모도 구원의 대상입니다.
모범생 자녀도, 속 썩이는 자녀도
똑같이 구원의 대상입니다.
넘어지고 실패할 수밖에 없는 인생에서
배우자와 자녀에게 내밀 수 있는 가장 큰 위로의 손길은
천국의 소망을 갖게 하는 것입니다.
구원보다 더 큰 사랑은 없습니다.

내 가족이 잘되는 길은, 가장 먼저 하나님을 신뢰하고
이웃을 사랑하는 것입니다.

삶의 우선순위를 하나님 나라에 두고 말씀의 원칙을
붙들 때 하나님은 우리의 의식주를 책임지십니다.
무엇을 입을까, 먹을까가 문제가 아닙니다.
내 삶의 주인이신 하나님을 기쁘시게 해 드리기 위해서
우리가 얼마만큼 헌신하는가가 문제입니다.
그것이 흔들릴 때 내가 요동하고 내 가정과 사업이
요동한다는 것을 알아야 합니다.

내가 맞아 죽을지언정,
병에 걸려 죽을지언정
끝까지 저들에게
죄를 돌리지 말라고 하며 죽으면
그것이 최고로 원수 갚는 것이고,
그 집안을 영원히 살리는 최고의 축복입니다.

구원을 위해 내가 할 일

복음은 악한 세상에서 우리를
잘되게 하기 위한 것이 아니라,
악한 세대에서 우리를 건지기 위한 것입니다.

이 세상에서 잘되고 성공하도록 하기 위함이 아니라
악한 세상과 구별되어 건지시기 위해서
예수님이 자기 몸을 드려 죽으셨습니다.
그런데 모두가 합격 복음, 성공 복음, 인정 복음을 좇아
교회를 찾아다닙니다.

십자가 설교만 한다고
교회를 욕하고 떠나는 사람이 있습니다.
축복 설교만 듣고 싶어 하고,
부적 같은 기도만 받으러 다닙니다.
그런 사람일수록 십자가를 안 좇는 게 아니라
십자가와 다른 복음을 같이 좇습니다.

큐티도 하고, 교회 봉사도 열심히 하고, 십일조도 하고, 가난한 사람들도 돕고 다 합니다. 요란하게 신앙생활을 하고, 요란하게 기도합니다. 그러면서 오로지 구하는 것이 이 땅에서 잘되는 축복입니다. 그러나 다른 복음은 없습니다. 십자가와 다른 복음은 같이 좇을 수 없습니다. 하나님은 무조건적인 은혜로 우리를 부르셨습니다. 그런데 요란하게 기도하고 헌금을 꼬박꼬박 내서 잘된다고 생각하는 것이 은혜를 떠나 다른 복음을 좇는 모습입니다.

구원을 위해 내가 할 일은 다른 복음을 버리고 오직 십자가를 좇는 것입니다. 빨리빨리 뭔가 잘되고 달라지는 것이 아니라, 내가 지금 속한 가정과 학교, 교회 공동체에서 순종하며 묵묵히 십자가를 지는 것, 이것이 복음의 핵심입니다.

가족의 객관화

진리를 희생시킨 사랑은 사랑이 아닙니다.
내가 아는 하나님을 불신 가족에게 전하기 위해
주님은 내가 사랑으로 헌신하고 있는지를 물으십니다.
내 신념 때문이 아니라 정말 하나님을 사랑해서
갈등하고 기도한다면 하나님은 분명 지혜와 힘을 주십니다.

믿음도 내 자식이 좋아야 되고,
공부도 내 자식이 잘해야 되고,
사역도 내 자식이 폼 나게 해야 한다는
그것을 내려놓는 것이
가족의 객관화입니다.
내 자식, 남의 자식 구별 없이
믿음으로 양육할 때
영적 자녀 디모데, 형제와 같은 디모데를
나에게 허락하십니다.

내 힘이 아니라 하나님의 뜻대로, 하나님이 주시는 힘으로
가르칠 때 자녀를 믿음의 거물로 키워 낼 수 있습니다.
내 힘으로 키워 내면 생색밖에 날 것이 없습니다.

남의 자녀까지 갈 것도 없습니다.
당장 내 자녀부터 차별합니다. 장남과 차남도 차별하고,
아들딸도 차별하고, 잘나고 못난 것으로 차별합니다.
사위가 딸에게 잘하면 좋은 사위 얻었다고 하고,
아들이 며느리한테 잘하면 못된 며느리 얻었다고 합니다.
내 입장으로 내 이해타산으로 차별하고 판단하는 것이
우리의 죄성입니다.

어려서부터 아이들에게 봉사를 가르쳐야 합니다.
어려서부터 하나님과 친하고, 교회와 친하고,
교회 사람들과 친해야 합니다.
교회 가는 것이 즐겁다는 것을
어려서부터 가르쳐야 합니다.

복음이 이르기만 하면

내 사건에도 복음이 임하기만 하면 어떤 환경에서도 열매 맺을 수 있습니다. 제 아들은 삼수해서 대학에 갔습니다. 하나밖에 없는 아들이 그럴 때 과부인 제가 얼마나 노심초사했겠습니까. 공부는 안 하고, 열렬히 잠만 자고, 시험은 보기만 하면 떨어지고 인간적으로는 저도 아들의 감옥에 갇힐 수밖에 없었을 것입니다. 그런데 아들이 그렇게 떨어지고 있어도 제가 복음을 전했던 온 천하, 세계 곳곳에서 열매 맺는 소식이 들려왔습니다. 제가 전한 말씀 때문에 큐티를 시작했다고, 가정이 회복됐다고 하는 소식이 들리니 남편 없고 자식이 속을 썩여도 매일 감사하고 기뻤습니다.

어떤 고난 속에서도 온 천하를 바라보십시오. '나의 고난이,
내 사건이 온 천하에 복음을 전할 통로가 되는구나' 하고
믿음으로 바라보십시오. 우리가 그렇게 대단한 인생입니다.

하나님의 말씀을
가장 먼저 실천해야 할 곳은
교회보다 가정입니다.
내가 주와 함께 살리심을 받았으면
이 모든 원리를 가정에서
먼저 적용해야 합니다.
건강한 가정이 건강한 교회를 만듭니다.

교회의 구성원인 가정, 성도 각자가 건강하지 못하다면 교회가 건강할 수 없고, 결국 건강하지 못한 교회는 무너질 수밖에 없습니다. 아무리 교회 오라고 북 치고 장구 치고 난리를 쳐도 가정이 병들기 시작하면 교회는 무너질 수밖에 없습니다.

하나님이 아내들에게 주신 언어는 복종의 언어입니다. 복종의 언어가 아니면 남편에게 아내의 사랑이 전달되지 않습니다. 비록 남편에게 아쉬운 면이 있고 연약한 면이 눈에 띌지라도 남편의 일과 능력과 가족에 대해 조금이라도 비난이 섞인 말을 해서는 안 됩니다. 이것은 여자를 무시해서 주신 말씀이 아닙니다. 동등한 관계에서 질서를 위해 복종하는 것입니다.

예수님은 하나님과 동등하시면서 하나님의 뜻을 이루기 위해 복종하셨고, 그 순종으로 모든 인류가 하나님께 나아가는 길을 열어 주셨습니다. 마찬가지로 아내의 복종의 언어는 남편이 그리스도에게로 나가는 길을 열어 줍니다. 왜냐하면 아내의 머리 됨이 남편이고, 남편의 머리 됨이 그리스도이기 때문입니다.

아내의 모든 행동의 이유가 남편이 하나님의 뜻을 행하도록 돕는 것이 되어야 합니다. 남편이 예수님을 머리로 받들 수 있게 해야 합니다.

남편의 인격에 복종하라는 것이 아닙니다. 남편이 머리 되기 때문에 머리 된 그 역할에 복종하라는 겁니다. 저렇게 인격도 못 갖춘 사람한테 어떻게 복종하는가 할 것이 아니라 남편이 아내의 머리 되기 때문에 복종을 하라는 것입니다.

하나님께서 남편에게 주신 언어는
사랑의 언어입니다.
남편이 베풀어야 할 사랑은
예수님의 성육신의 사랑입니다.
아내를 위해 죽는 사랑입니다.
이런 헌신적인 태도가 아내에게 전달될 때
비로소 남편의 사랑이 아내에게 전달되고
무한한 행복과 평강을 누릴 수 있습니다.

복종과 사랑의 언어는 구체적으로 표현되어야 합니다. 아내가 실천하는 복종의 언어로 남편이 사랑을 느끼려면 남편의 위신을 세워 줘야 합니다. 남편을 사랑한다 말로 하는 것이 아니라 남편을 세워 주고 인정하는 것이 복종의 언어로 나가는 것입니다.

문제아는 없다

부모가 원치 않는 일을 강요할 때는
때로 반항도 하는 아이가 건강한 자녀입니다.
부부 사이에도 악을 쓰고 부수며 싸우는
사람들은 도리어 이혼 확률이 적습니다.
아무 문제없는 듯 조용하게 살다가
'교양 있게' 이혼하는 사람들이
얼마나 많은지 모릅니다.

믿음을 심어 준다고 하면서 말씀으로 자녀를 위협하는
크리스천 부모들이 의외로 많은 것을 봅니다.
진정 내 자녀가 구원 받기를 원하고
믿음이 성장하기를 원한다면
먼저 내 자신의 죄를 깨닫고 인정해야 합니다.

자식 앞에서 나의 연약함을 시인하며
애통해하는 모습을 보여 줘야 합니다.
그래서 부모도, 자식도
하나님을 떠나서는
살 수 없다는 걸 보여 주는 것이
살아 있는 신앙교육입니다.

나도 지키지 못하는 신앙의 기준을 휘두르며 남편(아내)과 자녀를 정죄해 그들을 하나님과 멀어지게 하고 있는 건 아닌지 스스로 돌아보십시오.

일등 엄마는 좋고 편한 환경을 만들어 주는 엄마가 아니라 스스로가 편안함을 주는 엄마입니다. 경쟁에서 이길 수 있게 해 주는 엄마가 아니라 끝없는 경쟁과 유혹에 지친 가족이 깃들어 쉴 수 있게 해 주는 엄마가 일등 엄마입니다.

가정 중수를 위한 지혜

내 가족을 전도하려면, 엄청난 것이 있다는 것을 보여 주어야 합니다. 전도하는 사람을 보고 따라오는 것인데, 우리는 희생이 따르는 것은 딱 싫어하는 경향이 있습니다. 굳이 하지 않아도 되는 일, 모두가 하기 싫어하는 헌신에 하나님께서 우리를 특별히 뽑아 주셨습니다. 온 집안의 축복의 통로인 것입니다. 힘든 환경과 싫은 사람을 버리고, 떠나고, 외면하는 것이 살길이 아니라 그들을 품고 가는 것이 나도 살고 다른 사람도 살리는 구원의 길입니다.

성령의 역사기 있는 곳에 생명이 있습니다. 사랑하지 못하기에 늘 두려워하며 형벌의 삶을 살 수밖에 없습니다. 때마다 말씀을 전하며 예수 안에서는 죽는 것도 아름다운 것은 천국 소망이 있기 때문입니다.

상처와 트라우마는 없어지는 게 아니라
통과하는 것입니다.

교만과 사치와 허영과 권력과 재물은
무너지게 되어 있습니다.
칼날 위에 선 물방울처럼 예민하고 기민하게
깨어서 영혼 구원을 위해 충성하면
절대로 후회하지 않습니다.

세상만 좇는 죽은 소망이 복스러운 산 소망으로 바뀌면 내가 처한 모든 환경에서 구주 예수 그리스도의 영광을 나타내는 인생을 살게 됩니다.

사람이 죽기 직전에 주님을 영접하는 것은 나이아가라 폭포가 거꾸로 치솟는 것보다 더 힘든 일입니다. 아무리 복음을 안 들어도 우리는 권고하고 또 권고할 수밖에 없습니다. 구원을 위한 사랑으로, 끝까지 사랑할 자신감을 가지고 전해야 합니다. 한 번 복음을 전하기 위해 아흔아홉 번 기도하고 생각하며 하나님의 지혜를 구할 때 이방인 같은 내 식구들이 반드시 하나님께로 돌아올 것입니다.

오늘 주님께서 "갈지어다" 하시는 그곳,
말이 통하지 않는 배우자, 힘든 시댁,
너무 가난하고 초라해서 외면하고 싶은 형제, 친척……
그들을 찾아가는 것이 주님의 명령입니다.
이리 가운데 가는 것과 같을지라도 주님이 책임지십니다.
열악하고 무시 받는 환경, 소외된 그곳에서
주님께서는 열매를 거두게 하십니다.

믿음으로 살기 위해서는 신앙 때문에 핍박도 받고 전쟁도
치러야 합니다. 아무리 무서운 폭력이라도 구원을 위한
기도 앞에서는 힘을 잃습니다.

예수님을 잃어버리면 문제가 생기고,
예수님을 찾으면 살게 됩니다.
잃었다 다시 찾는 것이 인생입니다.

가장 무서운 적은 내 안의 또 다른 나입니다. 내 안에 열등
감, 자존심, 이기심, 질투심, 욕심, 인정받고 싶은 마음, 잘
보이고 싶은 마음들 때문에 미움도 생기고, 원망도 생기고,
화도 나는 것입니다. 이 모든 것을 내려놓고 내 안의 죄를
보고 회개하며 가면 내 삶에서 평안과 천국을 누릴 수 있습
니다. 천국은 따로 있는 것이 아니며 죽어서 가는 곳이 아닙
니다. 지금 내가 살고 있는 이 삶이 천국입니다. 단지 우리
가 보지 못할 뿐입니다.

자녀들에게 먼저 순결을 지키도록 가르쳐야 합니다. 서로의 순결을 지켜 주는 것이 가장 귀한 대접이며 진정한 사랑임을 가르치십시오. '내 아이는 안 그렇겠지' 하는 것은 안일한 생각입니다. 나 자신도 매일 돈과 쾌락과 게으름의 유혹에 넘어가면서 어떻게 자식들이 유혹을 쉽게 이길 것이라고 장담하겠습니까.

자녀가 이성교제를 시작했다면 신앙 공동체 안에서 부모와 지도자와 의논하면서 교제할 수 있도록 권면하십시오. 무엇보다 하나님의 말씀으로 마음과 생각을 채워 주어야 합니다. 그것이 자녀를 지킬 수 있는 최선의 방법입니다.

나의 계획과 포부들이 사적인 야망을 이루기 위한 것이라면 아무리 수고를 해도 하루아침에 무너지고 굴욕을 당할 수밖에 없습니다. 하나님께서 주신 은사들을 나와 자녀의 꿈을 이루는 도구가 아닌 이웃을 섬기는 도구로 삼아야 합니다.

우리 가정에 광풍과 같은 사건이 올 때, 주님께서는 먼저 내 속에 있는 미움의 바람, 증오의 바다를 꾸짖어 잔잔케 하십니다. 주님께서 먼저 다스리기 원하시는 것은 상처와 판단의 물결로 요동하는 나 자신입니다. 나의 연약함과 두려움을 향한 주님의 꾸짖음을 감사함으로 받을 때 어떤 사건에서도 잔잔케 되는 축복이 주어질 것입니다.

우리 삶의 암초는
사라지지 않습니다.
성령의 파도를 타고
뛰어넘는 것입니다.

병을 고치기 위해 수술의 고통이 필요하듯이 진정한 회복을 위해서 상처와 수치가 드러나는 괴로움이 필요합니다. 돈과 체면을 움켜쥐어도 주님이 떠나시면 최대의 불행이고 가난과 폭력으로 힘들어도 주님을 붙잡으면 최대의 행복입니다. 그러므로 오늘 사나운 폭력과 술과 음란으로 고통당하고 괴로워하는 우리에게도 소망이 있습니다.

구원의 때와 기한은 아버지께서 자기의 권한에 두셨기 때문에 하나님을 신뢰하면서 그냥 걸어가면 됩니다. 하나님을 찬양하고, 하나님의 말씀을 듣고, 그 말씀에 응답하여 회개하고 기도를 드리는 예배 가운데 모든 대답이 들어 있습니다.

하나님께서 주신 약속도 때가 되기 전에는 안 되는 부분,
이루어지지 않는 부분이 있습니다.

예수를 믿으면 천국을 누려야 하는 것이고
온 집안이 하나님을 부르짖는 것이 축복입니다.
하나님 때문에 사는 것이 최고의 복입니다.

일단 결혼하면 권이 없고
자기 몸을 주장하지 못하니
결혼은 잘해야 합니다.
하나님은 부부가 정신적이고 육체적이고
영적인 결합을 통해 슬픔과 기쁨을 같이하는
전인격적인 공동체가 되라고 명령하셨습니다.

나의 해, 달, 별이 떨어지는 사건이
예수님이 오시는 사건입니다.
내가 의롭다고 착각하고 있을 때
주님은 내 믿음의 현주소를 묻는
사건을 허락하십니다.
내가 억울한 일을 당하는 것 같아도
주님은 '네 죄'가 아니라
'내 죄'의 중대함을 보라고 하십니다.

더 깊은 묵상

결혼의 목적은 땅과 씨입니다. 믿음으로 이 땅을 정복하기 위해서 믿음의 후사가 와야 합니다. 그것 때문에 결혼을 하는 것입니다. 하나님 나라와 영적 후사를 위해서 구원 때문에 결혼하는 것입니다. 하나님 나라의 지경을 넓히기 위해 영적 자손을 생산하기 위해 결혼해야 합니다.

사납고 더럽다고 모두 피하는 내 가족을 주님처럼 소망의 시선으로 바라보는 한 사람이 되십시오. 평생 온 가족을 괴롭히는 것만 같은 그 한 사람이 집안의 구원의 통로가 됩니다. 가장 크게 쓰임을 받습니다.

인간은 사랑을 할 수도 만들 수도 지을 수도 없지만,
하나님은 사랑 그 자체이시기 때문에, 내가 하나님 때문에
믿음 때문에 결혼했다면 사랑을 할 수도 만들 수도
지을 수도 있게 됩니다.

"나는 이 사람 아니면 죽을 것 같아"는 말이 안 됩니다.
결혼도 하나님께서 시키시면 하고 허락하지 않으시면
안 한다는 마음을 가져야 합니다.

이혼의 중요한 이유 중 하나가
'성생활이 안 맞아서'라고 합니다.
그래서 성관계를 해 보고 결혼한다는 풍조가 팽배합니다.
그러나 사실 성생활이 안 되어 부부 관계가
나빠지는 것이 아니고, 부부 관계가 나쁘기 때문에
성생활이 안 되는 것입니다. 사랑이 없기 때문입니다.

불신 결혼을 하지 말아야 한다는 것에
타협이 있을 수 없듯이
혼전순결을 지키는 문제에도
타협이 있을 수 없습니다.

나의 죄, 집안의 죄와 고난을 드러내고
그것 때문에 내가 예수를 믿게 되었다고
고백할 수 있는 사람, 이런 사람이
좋은 배우자의 조건입니다.

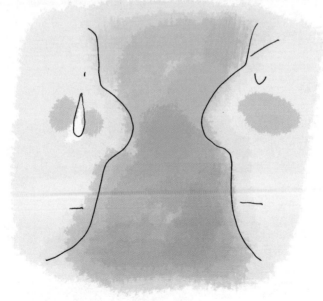

겉모습이 형편없어도
죄인인 것을 아는 사람이
"나는 하나도 죄가 없다"고 하면서
모든 조건을 갖춘 사람보다
훨씬 낫습니다.

불신 결혼은 온전히 부모의 책임입니다.
자녀가 불신자를 좋아할 수 있는 마음을
어려서부터 가르쳐 준 것입니다.
말로는 불신 결혼을 하면 안 된다고 하지만
온몸으로 세상을 좋아하는 것을
보여 주었기 때문입니다.

자식을 부모 마음대로 못 하는 것도 맞지만 율법적으로 믿는 사람과의 결혼만 부르짖는 것도 튕겨져 나갈 확률이 큽니다. 그래서 부모가 삶으로 보여 줘야 합니다. 신(信) 결혼이 왜 좋은지 온몸으로 살아 내야 합니다. 내가 신실하게 동역자를 섬기고 남을 섬겨야 합니다. 말로만 믿음의 결혼을 하라고 해서 되는 것이 아닙니다.

혼자서 잘 살 수 있는 능력을 가진
사람이라야 참 결혼을 할 수 있습니다.
혼자 자기 시간을 잘 보내는 사람이
상대방을 피곤하지 않게 하고
가장 편안하게 해 줍니다.

혼자 있으면서 하나님과 친밀하게 교제하는 법을 배웠기 때문에, 혼자 기도했는데도 좋은 배필을 허락하십니다. 이런 사람이 매력 있는 사람입니다. 매일 "외로워 못살겠어" 하고 있으면 다른 사람이 그 사람만 봐도 막 외로움이 따라와서 싫습니다. 그래서 불행한 너와 불행한 내가 만나면 불행한 우리가 될 수밖에 없습니다.

하나님께서 정해 놓으신 배필이 반드시 있습니다. 그러나 모든 사람이 그 배필을 만나는 것이 아닙니다. 하나님께서 정해 놓으신 배필이 있지만 욕심 때문에 잘못 선택할 때는 큰 고통을 당하게 되는 것입니다.

하나님께서 배필을 정해 두기는 하셨지만
배필 선택은 인간의 책임에 속하는 일로
남겨 두셨습니다. 하나님께서 일일이
지목해 주지 않으십니다.

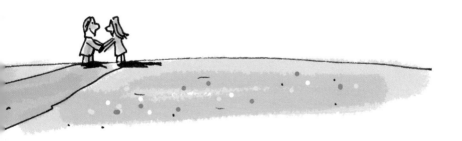

PART 2.

여름, 고난의 의미

은혜 안에 산다는 것

예수의 종이 됐다는 것은
흑암에서 은혜로 인생이 완전히
옮겨졌기 때문에
은혜 안에서 종이 된 것입니다.
은혜를 맛본 사람으로서
주님을 위해 목숨까지 내놓겠다는
충성의 의미입니다.

비굴하게 사람의 종노릇을 하면 무섭고 두려운 것밖에 없지
만, 예수님을 만나면 예수 그리스도의 종노릇이 너무 감사
해서 사람의 종노릇이 아무것도 아닌 게 됩니다. 그래서 사
람의 종노릇도 해 봐야 합니다. 언제나 군림만 하던 사람은
예수 믿고도 군림만 하려고 합니다.

능력보다 위대한 것이 질서인데,
질서를 통해 십자가를 배우고
십자가의 순종을 배우는 것이
사랑을 배우는 것입니다.

사람이 잘나서 순종하라는 것이 아닙니다.
집에서는 아버지의 권위,
교회에서는 목사와 전도사,
목자의 영적 질서가 지켜져야
사탄이 틈타지 않습니다.

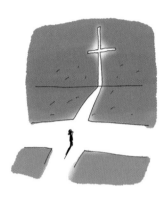

은혜와 평강은 사람의 성취나 소유에 있지 않습니다. 성공이 은혜와 평강을 보장하는 것은 아닙니다. 비록 고난당할지라도 '그리스도 예수 안에' 거하면 은혜와 평강과 진정한 기쁨이 있습니다.

예수의 종이라고 해도 예수 안에서 날마다 확인되지 않으면 예수님에게서 오는 은혜와 평강을 전할 수 없기에 날마다 말씀을 봐야 합니다.

가장 큰 고난은 가장 큰 축복

환경이 어려워져서가 아니라 똑같은 환경에서도
하나님의 격려를 받지 못하는 것이 우리의 환난입니다.

우리가 당하는 환난은 또 다른 환난당하는 자를
위로하기 위해서, 하나님의 위로를 전하기 위해서
나에게 '전공 필수과목'으로 주신 것입니다.

환난을 당하지 않고는
위로를 할 수도, 받을 수도 없습니다.

다른 사람에게 위로를 주는 인생이 될 때,
큰 사망이 와도 하나님이 우리를 건지셨고,
또 건지실 것이며, 이후에도 건지실 것임을 믿게 됩니다.

나의 과거, 현재, 미래 모두가
하나님이 주시는 최고의 환경입니다.

어떤 고난도
뜻 없는 것은 없습니다.
견디고 이기면
반드시 생명의 면류관을
얻게 될 것입니다.

내가 지금 어떤 환경에 있든지, 그것이
하나님이 주신 것인지 아닌지 모르더라도
'이것이 하나님이 주시는 Best로구나!'
믿으면 됩니다.

힘든 현재를 벗어나기 위해
이혼하고 도망치는 것은
결코 새로운 시작이 아닙니다.

모든 '큰 사망'의 사건에서 나를 구원하시는 주님을 확신할 때 내가 당한 환난이 더 큰 고난을 당하는 이들에게 구원의 열매로, '새 생명'으로 이어집니다. 이것이 바로 우리가 가야 할 새로운 시작의 길입니다.

하나님은 믿는 우리를 구원하시려고
사상 초유의 고난을 허락하셨습니다.

나는 내 고난 때문에 택함 받은 것이 아닙니다. 모든 사람의 고통과 아픔 때문에 나를 제사장 삼아 주셨습니다. 제사장 신분으로서 날마다 내 죄를 보고, 내 죄와 싸우면서 공동체와 지체의 죄를 지적해서 같이 싸워 줘야 합니다. 말로 지적하는 것이 아니라 스스로 자기 죄와 싸우는 모습을 드러내 놓는 것이 죄를 지적하는 방법입니다.

말씀 앞에 나의 죄를 내놓고, 죄와 투쟁하는 모습을 보여줄 때 다른 사람들이 '이것이 죄구나, 이렇게 싸워야겠구나' 알게 됩니다. 그러니 내 고난은 귀하고 귀한 보석 덩어리입니다. 버려야 할 것, 끝내야 할 것이 아니라 아끼고 닦아서 쓰임 받을 귀중한 보석입니다.

상상도 못했던 엄청난 핍박을 받으며 가난과 질병, 실직과 배신의 밧모섬에 갇혀 있습니까? 가장 큰 고난은 가장 큰 축복의 사인입니다. 어떤 밧모섬에 갇혀 있어도, 환경을 넘어서시는 하나님은 우리에게 말씀으로 소망의 계시를 주시고 증거하게 하십니다.

놀라운 경건의 비밀

우리에게 돈이 많고 권력이 있으면 악이 드러나기가
어렵기에 자기 스스로도 믿음이 좋은 줄 알고
착각하며 삽니다. 그런데 가난하기 때문에
자신의 악한 모습을 직면하게 되고,
가난하기 때문에 경건을 이익의 방도로 보게 됩니다.
이렇게 자신의 악을 직면하면서 고통하기에,
가난한 자가 복이 있습니다.

예수 그리스도의 경건의 비밀을 알고 나면 무엇이 악하고 무엇이 선한 것인지 분별하는 지혜가 생깁니다. 그런데 그리스도의 비밀이 들어가지 않은 사람은 무엇을 순종해야 할지 몰라 이상한 적용을 합니다. 믿음 없는 남편에게 순종한답시고 분별없이 악한 것에도 순종을 하고, 인간적인 연민 때문에 자녀를 야단치지도 못합니다. 경건의 비밀을 모르기 때문에 지혜롭게 사람을 대하지 못하는 것입니다. 그래서 우리는 공동체에 끊임없이 묻고 검증 받으며 가야 합니다.

경건의 비밀을 알고 올바른 믿음을 가진 사람은 상대방을 객관적으로 정확하게 판단합니다. 내 배우자, 내 자녀라고 무조건 참는 것이 아니라, 예수 그리스도를 몰라 악하고 음란한 내 가족을 보면서 고통스러워합니다. 믿음이 들어가면 내가 눈물 흘리는 영역이 달라집니다.

우리는 악 때문에 애통해야 하는 것이지, 배우자가 언제 돌아올까, 자녀가 언제 잘될까 이런 것 때문에 애통하면 안 됩니다. 다른 사람의 악에 슬퍼하다 보면 가장 악한 것이 나 자신인 것을 알게 되고, 나의 악 때문에 슬퍼하게 됩니다.

예수 믿고 나서 악에 대해 눈물 흘리고 아파하고 영혼 구원 때문에 애통하는 것이 저에게도 가장 큰 기쁨의 영역이 되었습니다. 저를 가장 기쁘게 했던 것은 고통입니다. 악 때문에 애통할 때 고통으로 끝나는 것이 아니라 반드시 기쁨을 주십니다. 이것이 경건의 비밀입니다.

나를 힘들게 하는 가족의 악에 대해 아파하고
예수님을 전하면 전혀 알지 못했던 기쁨을 주십니다.

복음은 미리 맞는 예방 주사입니다.
결혼, 취업, 입학을 하는 자녀에게
네가 앞으로 싸워 이겨야 할 곳이 이렇게 많다고
가르쳐 주어야 합니다.
무조건 "잘해 주지 않으면 이혼해"
"그런 직장은 뭐 하려고 다녀" 이러면
믿음으로 취할 것이 하나도 없습니다.

거룩한 사람은
완전무결한 사람이 아니라
자기 죄를 잘 내놓는 사람입니다.
자기 죄를 잘 보는 사람은
남을 편안하게 해 주는
은사가 있습니다.

하나님의 비밀은 각자의 분량대로 계시되기 때문에 우리의 이성으로는 사람의 믿음을 잴 수 없습니다. 그래서 경건의 비밀이 크다는 것입니다.

예수님은 가만히 있어도 천사들에게 보이시고 만국에 전파되셨습니다. 이처럼 악에 대해 애통하는 사람들은 가만히 있어도 저절로 전파되는 인생이 됩니다.

세상의 악, 나의 악, 가족의 악 때문에
눈물 흘리며 갈 때
우리 모두의 얼굴에
기쁨과 영광을 주실 것입니다.

온전히 기쁘게 여기라

하나님이 자신도 없이 기쁘게 여기라고 하시겠습니까?
자신이 있으시기 때문에 기쁘게 여기라고
명령을 하십니다. 하나님의 자신감을 믿는다면
온전히 기쁘게 여기지 못할 일은 이 세상에 없습니다.

시험 가운데 주님이 내게 무슨 말씀을 하시는지 깨닫지
못한다면 아무 의미 없이 지나가는 헛된 고난일 뿐입니다.

예수님을 믿으나 안 믿으나 시험은 찾아오게 마련입니다.
그런데 믿는 우리가 다른 것은
힘든 시험 가운데에서 배우는 게 있다는 것입니다.

세상은 속도를 미덕으로 삼지만,
영적 세계에서는 인내가
영적 진실성의 표상이 됩니다.

우리는 다 못 참습니다. 사소한 희망만 있어도 참는데, 창조주 하나님이 나를 위해 준비하고 계신 것을 믿지 못하기에 0.5초를 못 참아서 나와 남을 힘들게 합니다.

날미디 말씀을 묵상하는 사람은 시험 가운데 인내의 시간을 지내면서 처음에는 해석이 안 돼서 참지 못하던 일들을 조금씩, 조금씩 인내하게 됩니다.

하루를 인내하기 위해 말씀을 보고,
또 하루를 인내하기 위해 말씀을 묵상하면서
영적 내공이 쌓이고
혈기와 감정들이 잦아듭니다.

내가 대단히 참고 사는 줄 알다가 내 힘으로는 시험을 기쁘게 여길 수도, 인내를 이룰 수도 없다는 것을 깨닫게 됩니다. 그것을 깨달을 때에야 비로소 내가 온전하고 구비하여 부족함이 없는 자로 서게 됩니다.

돈과 음란과 중독으로 힘들게 하는 가족을 보면서,
그것이 내가 온전하지 못하고 구비하지 못했기 때문에
생긴 일이라는 걸 깨닫는 것이 모든 문제의 해결입니다.

이 시대의 순교는 거창한 것이 아니라,
오늘 나의 사건에서 내가 어떻게 길이 참아야 할지를
결단하고 적용하는 것입니다.

믿는 우리가 세상에 보여 줄 인내의 본은
하나님이 붙여 주신 나의 가정에서
악하고 음란한 식구들과 함께 살며 섬기는 것입니다.

나 혼자 잘 먹고 잘살겠다고,
배우자의 직장이 부도나고,
몸이 아프다고, 바람이 났다고 이혼하면
인내의 모델이 될 수 있겠습니까?
힘들고 부족한 사람들이 '가정'이라는 이름으로 모여
그 가운데 인내의 모델을 이뤄 가는 것이
가장 큰 축복입니다.

나 한 사람이 길이 참음으로
나의 인내를 들은 식구와 지체가 생겨나는 것이
가장 큰 유산이자 기업입니다.
하나님의 자신감을 믿고
"시험을 당하거든 온전히 기쁘게 여기라,
인내를 온전히 이루라"는
하나님의 명령에 "아멘!"으로 응답하십시오.
"네!" 하고 순종하는 나를 온전하고 구비하여
조금도 부족함이 없는 자로 세우고
축복해 주실 것입니다.

시험을 이기는 영성

‘내가 하나님의 자녀’라는
존재의 영성이 확실한 사람은
어떤 시험도 이길 수 있습니다.
그 방법은 바로 내 안에 말씀을
저장해 두는 것입니다.
시험을 당했을 때 환경을 보는 것이 아니라
말씀을 통해 내 욕심과 죄를 보는 것입니다.

하나님을 신뢰함으로 하나님과의 관계가 회복된 사람은
인간관계에서도 모든 시험을 통과할 수 있습니다.
내가 하나님을 신뢰하지 못하고,
하나님과의 관계가 잘 안 되고 있기 때문에
날마다 부부 간에도, 부모 자녀 간에도
오해와 갈등이 있다는 것을 알아야 합니다.

어떤 사건을 당해도 '하나님은 100% 옳으시기에
이 사건은 우연이 아니야. 이 힘든 사건이
하나님의 축복이야' 하고 깨달아야 합니다.
남편의 잘못으로 신뢰가 깨어졌다고 해도
내 죄를 보는 것이 관계를 회복하는 길입니다.

하나님과의 관계, 타인과의 관계에서 영성이 회복되어야 합니다. 영성은 남을 위한 것이고, 영혼 구원을 위해 사는 것이 최고의 영성입니다. 어떤 자리에서든 내 십자가 잘 지고 가는 것이 최고의 영성입니다.

시험을 당하고 있습니까?
나에게 온 시험이 믿음의 시련이 될지,
욕심으로 미혹되어 사망으로 결론이 날지는
나의 선택에 달려 있습니다.

창세전에 택하신 인생

우리는 창세전에 택함 받은 인생입니다.
그런데 많은 사람이 배우자 때문에, 집안 환경 때문에
못 살겠다고 불평불만을 합니다.

생각만 해도 힘든 그 사람, 세상 사람들이 다 외면하는
그 사람을 끌어안고 가는 것이 가장 거룩한 비전입니다.
내 옆에 있는 남편과 자식과 아내를
그런 마음으로 끌어안으시기 바랍니다.

아버지와 어머니의 몸을 빌려서
이 땅에 왔다는 것이 감사한 것이지,
부모가 나에게 잘하고 못하고는 상관이 없습니다.

우리는 오직 감사하기만 하면 됩니다.
인생의 목적은 행복이 아니라 거룩입니다.
주님은 내가 불쌍해서 택하신 게 아니라
나를 거룩하게 하려고 택하셨습니다.

오늘을 마지막처럼

오늘을 마지막처럼 여기고 사는 인생이 복 있는 인생입니다.
내가 오늘 죽어도 '오직 예수'로 결론이 나야 하기에 모든 상
황에서 믿음으로 인내해야 합니다. 그러면 때마다 하나님께
서 지혜를 주시니 날마다 기쁨으로 충만할 수 있습니다.

큐티를 하고 기도를 하고
매일 성경을 공부해도
내가 왜 고난을 당했나
가르쳐 주시지 않습니다.
하나님께서 주시는 답은
하나님이 어떤 분이신지를 아는 것입니다.
하나님께서 살아 계시고
나와 내 가족을 사랑하신다는 것이
우리에게 주시는 해답입니다.

내가 날마다 큐티하고 기도하고 목장에서 나눈 모든 기록이 자녀들에게 보내는 편지가 됩니다. 내가 죽은 후에도 대대로 기억되고 전해지는 믿음의 유서가 됩니다. 예수 믿으라고, 교회 가라고 강요하지 않아도 내가 삶으로 남긴 기록들이 전도지가 되고 유서가 되어서 자녀를 변화시키고 가정을 변화시킬 것입니다.

성공이 무엇인가, 해결책이 무엇인가가 아니라
우리의 모든 고난에 대한 답은 '예수님은 누구신가'입니다.

사랑의 수고에는 당연히 인내가 요구됩니다. 그리고 인내
하기 위해서 나에게 힘든 자녀, 힘든 가족을 허락하십니다.
'너희의 인내로 너희 영혼을 얻으리라'고 하십니다. 나의 사
랑과 인내로, 나에게 사랑과 인내를 가르쳐 준 가족의 수고
로, 영혼 구원이 이루어져 갑니다.

누가 나를 알아주지 않아도 괜찮습니다.
아무도 나를 몰라주고 아무리 어려워도 환경과 상관없이
부유한 자의 삶을 사는 것이 하나님 나라의 비밀입니다.

스데반의 순교처럼, 오늘 내가 돌에 맞아 죽어도, 때리는 남
편에게 맞아 죽어도 아이들에게 "아빠를 미워하지 말라. 아
빠를 용서하라"고 말하고 죽을 수 있다면 그것이 원수 갚는
길입니다. 사랑과 용서의 본을 보이는 것이 그 집안을 영원
히 살리는 축복입니다.

하나님의 곳간 열쇠

하나님의 곳간 열쇠는 곧 '힘든 사건'입니다. 힘든 사건이 없이 하나님의 곳간 안에 들어올 수 없습니다. 일이 안 되는 사건을 통해 말씀을 깨달을 수 있게 됩니다. 누구에게나 그 말씀을 전하고 나눠 줄 수 있습니다.

고난을 통해, 때마다 하나님의 곳간에서 새것과 옛것, 신구약 말씀을 마음대로 내오는 사람이 될 것입니다.

성경을 지식으로 아는 것이 아니라,
든든한 재산으로 삼을 수 있어야 합니다.

하나님의 말씀은 우리의 재산목록입니다.
어떤 재산이 얼마나 있는지 재산목록(성경)을
꼼꼼히 읽고 묵상하면 필요할 때 그 재산을 꺼내어
쓸 수 있습니다. 교만한 사람에게 겸손을,
슬픈 사람에게 위로를, 어리석은 사람에게 지혜를
내어 주는 부자가 됩니다.

힘든 사건으로 하나님의 곳간을 열어
말씀의 재산을 내어 쓰고 내어 주는 영적 부자가 되십시오.

가정 중수를 위한 지혜

나에게 고통 주는 자는
나를 훈련시키는 사람입니다.
사람은 믿음의 대상이 아니라
사랑의 대상입니다.

고난을 당해 봐야 십자가를 이해하게 됩니다. 그래서 고난이
축복입니다. 하나님의 뜻은 우리가 모든 불법에서 속량되고 깨
끗하게 되는 데 있습니다. 핍박하는 남편과 시어머니, 시누이
가 결박되어야 하는 것이 아니라 질기고 질긴 나 자신의 위선
과 교만이 먼저 결박돼야 가족의 구원이 이루어집니다.

짐이 없어지는 것이 아니라 내 인생의 수고하고 무거운 짐이 예수님의 쉽고 가벼운 멍에로 바뀌는 것이 안식입니다. 외박하고 늦잠 자는 남편을 미운 말로 쏘아 주고 싶어도 하나님의 위로를 생각하며 사랑의 말로 바꾸는 것이 예수님의 쉽고 가벼운 멍에로 바꾸는 적용입니다.

세상에서 구별된 삶을 살게 하기 위해 주님께서는 우리를 양육하십니다. 하나님의 양육을 잘 받은 사람은 어떤 일에도 인내를 잘 합니다.

고난의 양이 하나도 안 찼기 때문에
성경이 어렵게 느껴집니다.
고난이 오면 모든 말씀이
나에게 주시는 음성으로 들립니다.
성경은 성령님께서 읽게 하십니다.

성령님이 친히 우리의 스승이 되어 주십니다.
성경을 교과서로, 나의 환난을
기도 제목 삼아 훈련시키십니다.
교훈과 책망은 우리를 바르게 하시려 함입니다.

곤고함이 없으면 겸손해지기가 어렵습니다. 말씀은 심령이 가난한 이들에게 더 풍성해집니다. 나를 힘들게 하는 사람들은 나를 긴장시켜서 영적으로 깨어 있게 하지만, 잘해 주는 사람은 하나님을 잊고 쾌락을 좇게 만듭니다.

인간적으로 잘나면 교회에 못 나옵니다. 부도난 사람은 오기 쉽습니다. 고난의 때가 차야 돌아오게 됩니다. 암과 같은 질병이 최대 축복인 것은 이러한 고통과 고난을 통해 주님을 만나기 때문입니다. 질병 치료가 문제가 아닙니다. 영적인 치유가 진정한 치유입니다.

광야생활을 거치면서
애굽에서의 노예근성,
즉 예수 믿기 전의 가치관을
타파하게 됩니다.
매일의 삶에서 영적 지경을
넓히기 위해서 싸워야 합니다.

교만은 하나님에 관한 모든 것을
잊게 만듭니다.
주님께서는 교만한 자를 대적하십니다.

성경의 주제는 예수님과 복음,
십자가와 나의 이야기이기 때문에
아무리 읽어도 지나침이 없고, 읽을수록 깨달음이
깊어집니다. 무엇보다 말씀은 나의 곤고함으로 말미암아
더 큰 생명과 가치를 지니게 됩니다.

세상적인 것에 제동 걸린 것에 대하여 "할렐루야" 하며,
내 사건에서 "기뻐하라" 하시는 음성이 들려야 합니다.
100% 옳으신 하나님께서 우리를 어떻게 하시든
순종해야 합니다. 인간은 100% 죄인이고,
하나님은 100% 옳으신 분입니다.

제일 약한 고난이 경제적인 고난입니다.
육이 무너지도록 치실 때 영이 세워집니다.

하나님께서는 수고를 구원으로 갚아 주십니다.
생명보다 귀한 것이 구원인데 세상이 무너지지 않으면
구원이 들어가지 않습니다.

육이 망해야 영이 세워지는 것입니다.
그러므로 모든 일에 족한 줄로 여기고
오늘의 은혜를 증거해야 합니다.
말씀이 들리는 나는 수지맞은 인생입니다.

예수 그리스도 안에 있지 않는 것이
불의한 것이고 불의하면 망합니다.
하나님의 부르심에 연단 받아
장성해야 합니다.

의롭고 거룩하게 잘 살게 하시려고
이 세상의 것을 버리게 하십니다.
나의 가치관이 세상 사람들과 구별되는 바가 없다면
아직 내게 환난이 부족한 것입니다.

어떤 일이 있어도 가정은 지켜야 합니다. 남편이 바람을 피워도, 아내가 바람을 피워도, 남편 혹은 아내가 구타를 해도 가정은 지켜야 합니다. 아이들에게 깨끗한 호적을 물려주는 것만큼 좋은 선물은 없습니다.

하나님 없이는 세상에 될 수 있는 일이 없습니다. 말씀 묵상을 통해 저를 인정해 주시는 하나님을 알았기 때문에 사건마다 승리할 수 있었습니다. 주님을 만나고 나면 그전의 삶과는 하늘과 땅 차이의 인생을 살게 됩니다.

고난의 때에는 죽을 것 같지만,
길이 있습니다.
예수님을 묵상하면서 위로를 받기 때문에
시냇가에 심은 나무처럼
승리할 수 있습니다.

고난의 때에 기도하고 온몸, 온 맘을 가지고 깨어 있어야 합니다. 영적 전쟁이 제일 무섭습니다. 사자와 곰과 같이 핍박할 때 온몸과 전 인격(지, 의, 정)을 다 동원해야 합니다. 모든 것은 자기 십자가를 지는 전쟁입니다. 믿음으로 말씀을 들으십시오. 절대적으로 인내하라는 것은 절대적인 권세를 주시기 위함입니다.

눈만 뜨면 온 세상이 사탄인데 새벽기도, 십일조만으로는 사탄을 이길 수 없습니다. 시험이 올 때마다, 사건이 올 때마다 지, 의, 정이 동원되어야 합니다. '지'는 말씀 분별, '의'는 의지적 순종, '정'은 축복, 평강, 자유입니다.

악인은 행한 대로 당하리니 미워하지 말아야 합니다. 악은 반드시 심판 받습니다. 때가 되기까지는 위의 권세에 순종하면서 잘 당하고 있어야 합니다. 큰 권세를 갖는 비결은 하나님을 하나님 되게 하는 것입니다.

태산에는 안 넘어지는데 돌부리에는 넘어지는 것입니다. 모든 것이 마음에 달렸습니다. 누군가를 미워하면 우리 안에 독이 쌓입니다.

자녀를 평소에 격려해 주고 인정해 주고 사랑해 주면 가출했다가도 돌아옵니다. 높일 것이 없을 때도 높여 주는 것이 사랑의 완성입니다. 용서할 수 없는 것을 용서하고, 포기할 수 없는 것을 포기하고, 사랑할 수 없는 사람을 사랑하는 것만이 하나님의 군사로 쓰임을 받는 길입니다.

부부간에 가장 안 좋은 것은
영적으로 육적으로 막혀 있는 것입니다.
가장 영적인 것이 가장 육적인 것입니다.
부부간의 침상이 시원하고 좋아야 합니다.

 더 깊은 묵상

희생적인 사람은 완벽주의에 젖습니다.
마귀의 성품이 완벽주의입니다.
부모님을 미워하면서도 아버지와 똑같은
배우자를 골라서 결혼하고
문제 가정으로 삽니다.
남편의 감정까지 책임지려 하면서
그 사람을 더 중독자로 만듭니다.

상처가 대물림됩니다. 완전한 사람은 아무도 없습니다.
희생적인 사람을 만나면 결혼을 잘한 것 같습니까?
권위주의적인 사람을 만나면 잘못한 겁니까?
다 똑같습니다. 온전히 순기능적인 가정은 없습니다.

역기능이든 순기능이든 하나님과의 관계가 바른
한 사람만 있으면 가정은 살아납니다.

미련한 다섯 처녀처럼 잘 먹고 잘 자고 잘살다가
주님을 못 만나면 그게 저주이고 지옥입니다.
역기능 가정에서 힘들게 자라서 주님을 만날 수 있었다면
그게 축복입니다.

원래부터 좋은 집안은 없습니다.
예수 믿으면 로열패밀리입니다.
자기의 약함을 마음껏 이야기할 수 있는 곳이
천국입니다.

내가 나눠 줘서 내 식구가 살아나는 게 아닙니다.
가족의 구원을 위해 끝까지 인내하고 기도해야 하지만
남편이 변하고, 자녀가 변하는 것 자체가 목적이 되어서는
안 됩니다. 힘든 식구들이 변해서 내가 편해지는 게
목적이 아니라 오직 구원이 목적일 때 나도 식구들도
올바른 준비를 할 수 있습니다.

내 남편, 내 자식 때문에만 울지 말고
내 가족이 안 변하는 그 애통함을 가지고
다른 힘든 사람을 섬기면 됩니다.
어느 집이건 사건 없는 집은 없습니다.
밖으로 말을 안했을 뿐,
누구나 자신이 생각하는
절대치의 고난이 있습니다.
그 고난 속에서 구속사적인 성경 해석을 통해
말씀을 듣는다면
해결하지 못할 사건은 없습니다.

불신 결혼은 절대 안 된다는 확실한 원칙을 가져야 합니다.
결혼에서 가장 중요한 것은 '믿는 족속이냐 아니냐'입니다.
그래서 아브라함도 이삭의 배우자를 구할 때
"내가 거주하는 이 지방 가나안 족속의 딸 중에서
내 아들을 위하여 아내를 택하지 말고
내 고향 내 족속에게로 가서 내 아들 이삭을 위해서
아내를 택하라"(창 24:3~4)고 했습니다.

행위가 올바르기 때문에 믿는 사람을 택하라는 말이
아닙니다. 행위가 부족하고 콩가루 같아도
하나님을 믿는 사람이, 어려울 때 동역자가 됩니다.

어떤 지고지순한 사랑이라도
예수님 자체만을 원하는 것보다 고귀한 것은 없습니다.

내가 예수님과 함께 있겠다는
이 소망을 제외하고는
우리를 순결하게 해 주는 것은
아무것도 없습니다.

나에게 주어진 지금의 사건(물질적 고난,
배우자의 외도, 자녀 고난, 부모 고난, 직장 고난)은
내 죄를 보고 회개하게 하기 위해 주신
사건들입니다.

결혼에서 우리를 가장 방해하는 세력은 바로 부모입니다.
부모가 나빠서가 아니라, 부모가 이 땅에서 나를 가장
사랑하기에 홀로 설 때는 가장 방해 세력이 될 수 있습니다.
그렇게 떠나기 어렵기에 성경에서는 결혼할 때는
부모를 떠나라고 말씀하십니다(창 2:24).
떠나면 성령님이 데리고 가십니다.

인간은 100% 이기적이라 늘 도와주던 부모가 있으면
떠나기가 어렵습니다. 하지만 결혼하여 부모를 떠날 때
나의 안일함과 고집과 쾌락과 중독,
모든 것에서도 떠나야 합니다.

PART 3.

가을, 가정의 목적

영원한 생명의 빛

하나님의 뜻대로 가정을 지키는 것이
빛나는 보물을 하늘에 쌓는 것입니다.

생명은 죽음을 전제로 하기 때문에, 유한하기 때문에
아름다운 것입니다. 꽃병에 꽂힌 생화는
일주일을 못 가기에 아름답고, 조화는 몇 년을 가도
시들지 않으니까 별다른 아름다움을 못 느낍니다.
연애할 때는 상대가 완전히 내 것이 아니기 때문에
더 애틋하고 사랑스럽지만 결혼해서
내 남편, 내 아내가 되고 나면 아름다운 것이 없어집니다.
예수 믿는 우리는 오래 살려고 애쓸 것이 아니라
하루하루를 내게 주어진 생명으로 여기고
나의 시간을 예수님 대하듯 귀하게 사용해야 합니다.

빛의 속성은 어두움이 아니고 밝음이기 때문에, 빛으로 드러나는 생명은 절대 부끄러운 것이 아닙니다. 그래서 어떤 생명이라도 그 탄생을 만천하가 기뻐하고 축복해야 합니다. 아기는 태어나서 똥 싸고 오줌 싸고 배고프다고 울고 만천하에 자신을 나타낼 때도 절대 부끄러워하지 않습니다. 그러므로 내가 예수 믿고 새 생명으로 거듭나면 이 세상에서 부끄러워하고 숨길 것이 없습니다.

아무리 잘 살고 있다고 외쳐도
예수 없이 잘 사는 어두움의 삶은
빛을 이길 수 없기 때문에
결국 멸망하고 맙니다.

깨닫지 못하더라도
빛은 계속 어두움을 향해 비추고 있습니다.
나도 우리 가정의 어두움을 계속 비추는
빛이 되어야 합니다.

예수 그리스도를 통해 비추이는 영원한 생명의 빛은 나의 빛 된 삶으로 증명이 됩니다. 도무지 기뻐할 것이 하나도 없는 가운데서 예수 때문에 기뻐하는 사람이 바로 빛이 되고 생명을 비추는 사람입니다.

어두운 사연과 상처투성이인 가정, 숨을 조여 오는 것 같은 직장과 공동체, 그 삶의 자리에서 나의 생명은 어떤 의미와 가치를 지니고 있습니까? 나의 오늘 하루는 예수 그리스도로 인해 주어진, 안타깝도록 아름답고 소중한 시간입니다.

나는 할 수 없어도, 나에게 오신 예수 그리스도의 권세로 어두움을 이기는 빛이 되어 수많은 생명을 낳을 수 있습니다. 답답한 일을 당할 때, 사방으로 욱여쌈을 당하고 거꾸러뜨림을 당할 때 '아, 이 답답함 때문에 내 안의 예수님이 빛을 발하시겠구나' 생각해야 합니다. 그 빛 때문에 우리가 당하는 어떤 환난도 다른 사람에게는 위로가 됩니다.

내 안에 보배, 즉 예수님이 계시다면
그 보배가 빛을 발하기 위해서
나는 질그릇이 되어야 합니다.

질그릇이 깨어질수록
보배의 빛은 더 강하게 멀리 나아간다는
사실을 기억해야 합니다.

말씀이 들리는 은혜

하나님의 말씀이 특별히 임해서
말씀이 들리고 깨달아지면
여호와의 권능이 반드시 임합니다.

예수님이 내게 오신 것을 어떻게 알 수 있습니까? 예수님이
오시면 말씀이 들리기 시작합니다. 교회를 아무리 열심히
나가도 말씀이 내게 들리지 않고 임하지 않으면 예수님을
죽이는 사람이 됩니다.

'내가 왜 이렇게 살고 있는가'를 전혀 못 깨닫기 때문에 두려움과 불안 속에 살게 됩니다. 지금 내가 사로잡힌 이유를 찾아보십시오. 말씀이 특별히 임하라고, 하늘의 이상이 보이라고 내가 사로잡힌 것인데 그걸 해석하지 못하고 시지리 고생만 하고 있지는 않습니까?

저희 친정어머니도 "예수에 미쳤다"고 무시를 많이 받았지만, 유교가 14대째 내려온 집안에 어머니 한 사람이 들어옴으로써 이 집안이 하나님을 믿게 되었습니다. 새벽마다 일바지 차림으로 교회 화장실 청소하면서 드린 어머니의 기도에 하나님께서 힘을 주신 것입니다.

내 부모가 육적으로 영적으로 멸시 받는 사람이고, 천대 받는 가정에서 태어났다고 해도 내게 하나님의 말씀이 들리면 하나님께서 힘주시는 에스겔이 됩니다.

나는 하필 왜 이런 집안에 태어났는가,
이런 집안에 시집을 왔는가, 내가 왜 집안의 아픈 사람들,
돈 없는 사람들, 싸우는 사람들을 감당해야 하는지
낙심하고 있습니까?
하나님의 말씀이 내게 특별히 임하기 위해서라고 하십니다.

성경 안에는 죄 가운데 빠져 죽을 수밖에 없는 우리를 구원하신 은혜가 가득합니다. 성경을 묵상함으로 그 은혜를 남김없이 누릴 수 있습니다. 말씀을 볼 때 언제나 내게 주시는 음성으로 여겨야 합니다.

나에게 일어나는 사건을 성경으로 해석해 보십시오. 그리하면 승리하지 못할 싸움이 없습니다. 성경 말씀은 하나님이 오늘 나에게 주시는 말씀입니다. 성경이 바로 오늘을 사는 나의 이야기가 되는 것입니다.

말씀을 구속사로 읽으면 하나님께서 오늘 내게 주시는 음성을 들을 수 있게 됩니다. 성전인 내 몸을 거룩하고 구별되게 가꾸어야겠다는 적용이 가능해집니다. 매일 말씀으로 내 욕심과 죄를 쳐내는 것이 큐티입니다.

큐티는 삶의 과정입니다.
하나님의 음성을 듣는 것입니다.
두려워하지 말고 성령님의 지혜를 구하며
말씀을 읽으십시오. 선한 마음으로 하면
성령님이 친히 가르쳐 주십니다.
말씀을 깨닫는 지혜는 여기에 있습니다.
오직 성령님이 함께하시면
그 뜻을 잘 알아들을 수 있습니다.

말씀을 깨닫는 지혜는 학력에 있지 않습니다.
그러므로 예수를 믿는 데는 차별이 없습니다.

말씀은 다른 사람이 아닌
자기 자신에게 적용시켜야 합니다.
깨달은 만큼 적용하는 것이
말씀의 은혜 안에 깊이 들어가는 비결입니다.

큐티를 지식적으로 하면 은혜와 평강이 없습니다.
"주님, 저는 죄인입니다. 불쌍히 여겨 주소서"라고 말할 때,
아무것도 할 수 없을 때 은혜와 평강이 임합니다.

주님을 날마다 묵상하면 주님의 말씀을
듣게 되고 알게 됩니다.
성경 말씀을 공부로 보거나 읽지 말고
주님의 음성으로 들어야 합니다.

말씀 묵상은
성경을 구속사로 해석하며
깊이 읽는 것을 의미합니다.
말씀 묵상이 능력입니다.
역사하시는 하나님의 음성을 듣게 되면
다른 어떤 것보다도 큰 능력을 경험하게 됩니다.

많은 사람이 은밀하게 주의 음성 듣는 말씀 묵상보다
자기 의로움과 자기 열심으로 할 수 있는 신앙생활을
선택합니다. 그래서 다른 어떤 성경 공부보다
말씀 묵상은 참으로 좁은 길입니다.

그날 당한 사건은 그날 말씀으로 적용되고 해석됩니다.
큐티를 통해 나와 사건을 객관적으로 볼 수 있습니다.
매일 말씀을 통해 약속을 찾고, 명령을 찾으며 가야 합니다.

평소에 말씀을 지속적으로 묵상하며 스스로 무장한 사람들은 육적으로 편한 환경이 영적으로는 위기라는 것을 알기 때문에 경계를 늦추지 않습니다.

내가 말씀을 묵상하고 그 말씀대로 실천했더니 저절로 전도가 되고 양육이 되는 것이 큐티의 열매입니다. 그런 사람에게 여호수아와 같은 영적 리더십이 주어지는 것입니다.

평범한 삶을 잘 사는 것이
가장 비범한 삶입니다.
우선순위를 하나님 말씀 보는 것에 두십시오.
나의 약함이 곧 강함입니다.

믿음에는 "왜?"가 없습니다.
무조건 "왜?"가 없는 것이 아니라
말씀으로 일일이 가르쳐 주시니 없는 것입니다.

가장 기쁜 소식

아무리 내 모습이 초라하고 형편없어도
나는 주님으로 인해 어여쁜 자입니다.

지금 인생의 겨울을 보내고 계십니까? 예수님을 믿고 사랑
하면서도 떨어져 있을 때가 있습니다. 남편, 아내를 사랑해
도 떨어져 있을 때가 있고 각자 외로움의 겨울을 보낼 때가
있습니다. 그럴 때 여러 사건을 통해 주님의 목소리를 듣고,
나를 향해 달려오시는 주님의 발소리를 듣는 것이 '사랑하
는 자'의 특권입니다.

우리 인생에는 시시때때로 사망의 음침한 골짜기가 찾아옵
니다. 그럴 때 우리가 힘든 것은 주께서 나와 함께하지 않아
서가 아닙니다. 나의 목자, 내 의지의 대상이 '여호와'가 아
니기 때문입니다. 하나님이 내 목자가 되시고 내 힘이 되시
지 않으면 우리는 어디에서 무엇을 해도 부족한 인생, 해를
당하는 인생을 살 수밖에 없습니다. 그러나 하나님께서 우
리와 함께하시면 감옥에서도 하나님의 주권을 고백하는, 해
를 당하지 않는 삶을 살 수 있습니다. 누구를 의지하는가에
따라 사망의 골짜기가 푸른 풀밭으로 바뀝니다.

예수님을 믿는 우리의 가장 큰 특권은
'안식'을 누리는 것입니다. 상황이 변하지 않아도,
남편이 변하지 않아도, 자식이 변하지 않아도
내가 믿는 예수님 때문에 한결같이 기쁘고 감사한 것이
안식입니다.

"일어나서 함께 가자" 하시는 주님의 초청을 받을 때
우리는 암에 걸려도, 배신을 당해도, 사업이 망해도
노래 중의 노래를 부르며 주님을 사랑할 수 있습니다.

우리는 혼자 힘으로는 일어날 수 없습니다.
날마다 말씀을 통해 "함께 가자"고 하시는
주님의 음성을 들어야 하고,
또 내가 누군가를 "함께 가자"고 초청해야 합니다.

죄와 중독의 치료소, 큐티

사탄은 끊임없이 죄를 숨기려 합니다. 숨어서 은밀하게 죄를 행하면서 그 죄가 나를 속박하고 중독과 집착에 빠지게 만듭니다.

내 힘으로는 숨겨진 죄와 중독을 끊을 수 없다는 걸 인정하고 기도하면 주님은 말씀을 통해 내 숨겨진 죄를 드러나게 하십니다. 그것이 기도의 응답이고 치유의 시작입니다.

은밀히 이루어지는 죄의 진행은 우리를 죽음으로 끌어갑니다. 죄의 실체를 알고 죄의 진행을 막으려면, 하나님 앞에 회개하고 엎드리는 것밖에는 방법이 없습니다. 날마다 큐티 하는 시간이 하나님 앞에 엎드리는 시간입니다.

죄의 목을 밟는 것이 큐티의 적용입니다.
대단한 일을 하라는 게 아닙니다. 일상 속에서
무절제의 목을 밟기 위해 식사량을 절제하고,
중독의 목을 밟기 위해 커피를 줄이고,
게으름의 목을 밟기 위해 운동을 시작하고,
충동의 목을 밟기 위해
신용카드를 두고 외출하는 것,
내가 당장 실천할 수 있는 것부터 하면 됩니다.

큐티의 꽃은 적용입니다. 큐티는 단순히 시간을 내서 말씀을 읽고 기도하는 시간이 아닙니다. 아침에 묵상한 말씀을 그날 하루 생활 속에서 실천하지 않는다면 아무 변화나 열매도 나타날 수 없습니다. 큐티는 하나님의 자녀인 내가 하나님의 뜻대로 하루를 살고자 하는 결단이고 하나님과의 약속입니다.

나에게 있는 죄와 중독의 문제를 해결하지 않으면
이띤 전생에서도 승리할 수 없습니다.

날마다 이어지는 영적 전쟁에서 승리하기 위해
끊임없이 말씀을 통해 내 죄를 찾고, 묵상하고,
적용해야 합니다. 내 힘으로 하는 것이 아니라
하나님께서 하시는 일이기에 마음을 강하게 하고
담대히 하라고 하십니다. 큐티가 나의 습관이 될 때
모든 죄의 습관을 물리치고 건강한 그리스도인으로
열매 맺는 삶을 살아가게 될 것입니다.

날마다 하나님의 말씀에 집중하고
말씀의 인도를 받는 것이
하나님의 성전인 우리가 할 일입니다.

가정 중수를 위한 지혜

현재가 선물입니다.
여전한 방식으로 생활예배 잘 드리는 것이
모든 일의 비결입니다.

성경은 우리에게 거룩하라고 말씀하십니다.
거룩은 구별된다는 뜻입니다.
인생의 목적은 행복이 아니고 거룩입니다.
예수의 씨를 가진 사람을 만나
믿음의 계보를 이어야 합니다.

가정을 지키기 위해서는 24시간 주님과의 교제가
필요합니다. 예수님은 옆에 두는 분이 아니라
품어야 할 분입니다. 성경 속에 가정생활의
원칙이 있습니다.

여호와를 경외하는 것이 지혜의 근본입니다. 하나님 앞에서
는 남편이나 자식 또는 명예를 다 내려놔야 합니다. 당장 달
라지는 것이 없어도 말씀이 있어 오늘이 새롭고 내일도 새
로울 것을 믿어야 합니다.

주님이 주신 역할과 때(여자의 때, 아내의 때,
어머니의 때)에 잘 순종하십시오.

배우자를 선택할 때
학벌의 구세주, 돈의 구세주,
미모의 구세주 등으로 미혹을 당합니다.
큐티하면 사람을 분별하는 눈과
통찰력이 생깁니다.

내가 주님을 품고 다니면 온화해지고 눈빛이 달라집니다. 예수님 하나님께서 자기에 맞는 얼굴과 몸을 주셨습니다. 성형은 절대로 안 됩니다. 하나님께서 주신 얼굴은 그 사람에게 균형이 맞는 것입니다. 명품 시대, 일등 지상주의 시대는 인정받음이 우상입니다. 형통하게 하시는 뿌리는 오직 하나님입니다.

주님 만나고 가장 많이 달라지는 것이 눈빛입니다. 주님은 형편없는 나의 얼굴도 보고 싶으시고 눈물로 얼룩진 얼굴도 아름답다고 하십니다. 모든 사람이 안 믿어 주는데 주님이 신뢰하십니다.

부부가 하나 된 것은 '비밀 중의 비밀'이요 '특권 중의 특권'입니다. 부부 관계에 최선을 다해야 합니다. 육적으로도 다해야 합니다. 결혼생활에서 성적인 의무가 제일입니다. 결혼생활에서 분방의 이유는 오직 기도를 위한 것뿐입니다.

좋은 남편, 나쁜 남편은
세상의 세속적인 잣대일 뿐입니다.
세속적으로 힘든 남편일수록
하나님의 부르심에 귀 기울입니다.
세속적으로 좋은 남편일수록
하나님 앞으로 나아가지 않습니다.
구속사적으로 바라볼 때
힘든 남편이 좋은 남편일 수 있습니다.

더 깊은 묵상

부부가 한 몸이 되려면 먼저 부모를 떠나야 합니다. 정신적,
사회적, 신앙적으로 부모에게서 독립해야 합니다. 삶의 선
배로서 부모에게 지혜를 구할 때도 있지만 하나님 앞에 홀
로 서는 확고한 믿음의 가치관을 가져야 합니다. 그리고 실
제적으로 떠나기 위해서 재정적으로도 독립해야 합니다.

부모 역시 자녀를 떠나보내야 합니다.
자식을 사랑한다는 명목으로 결혼을 했는데도
품 안의 자식으로 끼고 살려고 해서는
안 됩니다.

건강한 가정은 부부가 먼저 한 몸이 되어 사랑하고,
그다음이 자식 사랑, 부모 사랑, 형제 사랑으로 가는 것이
바른 순서입니다.

'음행'은 정혼 기간 중에 일어난 성관계, 근친혼,
무분별하고 회개하지 못하는 성생활 등을 의미합니다.
한 번의 외도가 아닌 지속적으로 이어진 외도를
의미하기도 합니다. 본처와 본남편을 버리고
시집 장가 가는 것 역시 음행입니다.

주님이 때로는 차선이라는 걸 허락하실 때도 있습니다. 하지만 우리는 주님의 '본래 마음'을 생각해야 합니다. 주님의 본래 뜻은 '하나님이 짝지어 주신 것을 사람이 나누지 못한다'는 것입니다.

주님의 재림을 기다린다고 재산을 처분하고, 집안일을 제쳐 두고 전도하러 나가는 것이 준비가 아닙니다. 신앙은 상식적이고 인격적인 것입니다. 평범한 생활을 잘 하는 것이 비범한 재능보다 낫습니다.

가정에서 주어진 역할에 충실하며
존경과 사랑을 이루는 것이
주님을 기다리는 올바른 준비입니다.

가정에 좋은 사람만 있습니까? 별별 사람이 다 있지 않습니까? 별별 사람, 별별 문제를 다 겪으면서 내 죄를 인정하고 고백하는 사람은 존경을 받게 돼 있습니다. 어떤 경우에도 내 죄를 보고 가는 것이 슬기로운 자의 삶입니다.

어느 집이나 도박, 폭력,
알코올중독, 성 중독, 일중독 등
문제 있는 사람이 있게 마련입니다.
온 가족이 이 1차 역기능자에게 신경 쓰고 염려합니다.
만일 역기능자가 알코올중독인 아버지일 경우
어머니는 어떻게 해서든 술 안 먹게 하려고
온통 아버지에게 관심을 집중합니다.
기도도 잔소리도 아버지가 대상입니다.
이렇게 1차 역기능자인 아버지 때문에
2차 역기능자가 생기고 점차 역기능 가정이 됩니다.
이런 가정의 맏딸이나 맏아들은 자기 욕구나 감정을
누르고 희생하기를 강요받습니다.
부모를 섭섭하게 하지 않으려고 애쓰다 보니
자기 의가 충천합니다.
무조건 공허한 웃음으로 무마하려는 자녀도 나옵니다.

지나치게 영적인 사람은 하나님의 뜻만 생각하면서 "믿음만 있으면 되지 다른 것이 뭐 필요한가" 하면서 다른 사람의 행복을 파괴합니다. 아무리 하나님 뜻이라도 무례해선 안 되고, 무질서해서는 안 됩니다. 하나님은 과정과 방법을 모두 중요하게 여기십니다.

결혼을 통해 영적 후사를 낳고 키우기 위해서 재물도 필요하고 절제하는 훈련도 필요합니다. 부부가 재물에 대한 가치관이 하나가 되어야 하고, 구원을 위해 아낌없이 모으고, 아낌없이 절제하고, 아낌없이 주는 것이 목표가 되어야 합니다.

우리가 예수 그리스도의 신부로 맺어지기 위해 예수님께서 먼저 죽어 주셨듯이 결혼도 죽어짐이 먼저입니다. 죽어짐이 없이는 부활이 없습니다. 그래서 참된 결혼은 한마디로 '죽어짐'입니다.

지금 나에게 주어진 모든 것은
나에게 꼭 맞는 나무 십자가입니다.
그 나무 십자가가 너무 초라해 보여
금 십자가로 바꿔 메면
무거워서 멜 수가 없습니다.
그래서 향기 나는 장미 십자가로 바꿔 메니
가시에 찔려 멜 수가 없습니다.
결국 처음 주신 나무 십자가가
조금은 초라해 보여도
내게 가장 잘 맞는 십자가입니다.
그 십자가를 잘 짊어지고 가는 것이
나에게 맡기신 사명입니다.

PART 4.

겨울, 사명 받은 가정

영적 자녀를 통해 느끼는 기쁨

영원한 하나님 나라의 역사 가운데 지금 이곳에
가장 필요한 역할을 하게 하시려고 나를 보내셨습니다.

자식이 없어서 속상한 것이 아니라
믿음의 배우자를 만나지 못했기 때문에
속상하다는 것을 알아야 합니다.
부부가 믿음으로 하나가 되면
육의 자녀에 관계없이
영적 자녀로 인해 기쁨을 누릴 수 있습니다.

우리는 누구나 부족할 때 하나님께로 가게 돼 있습니다.
힘들어서 하나님께로 갈 수 있다는 것은 정말 축복입니다.

교회를 살아 있게 하는 힘, 가정을 살아 있게 하는 힘은
고통 받는 한 사람의 기도입니다. 자식이 있고 없고,
고난이 있고 없고의 문제가 아니라 어떤 고난 중에라도
구원의 일을 하게 해 달라고 기도할 때
하나님이 응답해 주십니다.

육신의 자녀로 인해 힘들어도
영적 자녀를 낳는 일에
매달리고 헌신하면
슬퍼할 겨를이 없습니다.

행복한 나그네

이 땅에서 많은 것을 누리건 못 누리건
우리는 본향인 천국으로 돌아가야 할 나그네입니다.
그런데 말로는 나그네, 나그네 하면서도
잠깐 여행길에도 버리지 못하는 것들이 참으로 많습니다.

천국의 확신이 있는 사람은
힘들고 처량해도
당당하게 살아갈 수 있습니다.

'하나님 아버지의 미리 아심을 따라 택하심을 입은 자'로서의 신분 의식이 확실한 사람은 이 땅의 것에 연연하지 않을 수 있습니다. 내 집, 천국의 소망이 너무 좋아서 당장 가진 것, 못 가진 것이 중요하지 않은 것입니다.

힘들고 어려워도 우리가 원칙을 지키면
하나님이 먹고살게 해 주십니다.
오직 온전한 순종을 이루십시오.

가장 좋은 것을 집(천국)에 둔 나그네는
아무리 좋은 것으로 유혹해도 안주하지 않고,
해가 뉘엿뉘엿 지고 집으로 돌아갈 때가
가까울수록 더 기뻐합니다.

창세전부터
나를 향한 계획을 세워 놓으신 하나님은
나를 통해 그분의 엄청난 약속을
이루기 원하십니다.
그러므로 순종과 인내로 사명을
온전히 감당해야 합니다.

나는 성부, 성자, 성령이 총동원되어 택한 사람입니다.
나는 성부가 택하시고 성령이 도와주시는 신분입니다.
성자 예수님께서 나를 위해 죽어 주심으로
생명보다 귀한 사랑을 받는 신분입니다.
그렇게 엄청난 신분이기 때문에
대단한 고난 가운데에 있어도, 고단한 나그네 길에 있어도
"은혜와 평강이 더욱 많을지어다"라는
인사를 할 수 있고 받을 수 있습니다.

고난 중에도 은혜와 평강을 누리며 찬송까지 할 수 있는
근거는 붙들어야 할 언약, 산 소망이 있기 때문입니다.

거듭나면서 우리의 소망은 헛된 소망에서 산 소망으로
바뀌게 됩니다. 자식, 돈, 넓은 집, 명예와 학벌의 소망,
당장 문제가 해결되기만을 바라는 내 욕심의 소망이
죽어지고 부활의 산 소망을 갖게 됩니다.

우리는 하나님이 하늘에 간직하신 유업을 얻은
대단한 신분입니다. 그러므로 우리에게 온 고난의 사건은
'하나님의 능력으로 보호하심을 받은 사건'입니다.

사건을 통해 내 죄를 보고
말씀을 더욱 사모하게 될 때
사건마다 더 큰 구원의 길이 열립니다.

가진 것, 입을 것, 거할 곳이 없어도 하나님의 유업으로 든든한 나그네는 험한 길에도 찬송의 콧노래를 흥얼거릴 수 있습니다. 가난해도, 아파도, 무식해도 하나님의 은혜를 받은 우리는 줄 것만 있는 인생입니다.

이 땅에서 누리고자 하는 어떤 소망도
우리에게 은혜와 평강을 줄 수 없습니다.

목숨이 위태로운 극심한 박해 가운데에도
'더욱 많은' 은혜와 평강을 누릴 수 있는 것은
예수 그리스도의 산 소망 때문입니다.

믿는 자의 특권

아무리 어렵고 먼 여행길도
국적이 있고 여권이 있어서
마음대로 다닐 수 있듯이
나그네 인생길에서 어딜 가나
그리스도의 여권이 있으면
인정을 받습니다.
그래서 복음은 특권입니다.

우리의 주소는 항상 그리스도 예수 안입니다. 예수 그리스
도 안에서만이 의로움과 거룩함과 구속함이 있기 때문에 나
의 국적은 그리스도입니다.

하나님의 부르심의 원칙은 육체와 문벌에 있지 않습니다. 세
상적으로 보면 패잔병 같은 사람들, 자랑할 것이라고는 전혀
없어 보이는 사람들을 하나님은 부르십니다. 당신의 영광을
나타내시기 위해 이런 사람들을 초청하시는 겁니다. 부르심의
조건은 이것입니다. 어깨에 힘주고 스스로 강하다고 하는 사
람들은 오래 견디지 못 하고 떠납니다.

예수 믿는 우리는 잘하면 잘하는 대로, 못하면 못하는 대로 내가 환경을 뛰어넘는 하나님의 인도하심을 받았다, 하나님 말씀으로 내가 이렇게 살아났다, 이 이야기만 하면 됩니다. 그런데 가진 것이 없음에도 불구하고 우리의 자랑에는 끊임없이 육이 묻어 있습니다. 육체와 문벌 외에는 무엇을 자랑해야 할지 모르기 때문입니다. 예수 믿는 우리가 주 안에서 자랑할 것은 하나님의 인도하심을 받은 것밖에 없습니다.

아무리 힘들고 절망적인 상황에서도
십자가를 길로 놓으면 어디든 갈 수 있습니다.
매일 말씀을 묵상하고 적용하는 사람은
모두 예수의 증인입니다.

천하보다 귀한 한 영혼

저는 남편의 영혼 구원 때문에
많이 울었습니다.
그렇지만 자녀들이 대학 입시에 떨어졌다고
운 적은 없습니다.
그때 제가 악 때문에 괴로워하며 흘린 눈물만큼
하나님은 우리들교회 성도들을
이렇게 모아 주셨습니다.

누가는 데오빌로 각하 한 사람을 위해 누가복음을 썼습니다. 내가 한 사람을 양육하려고 애를 썼을 때 2,000년 동안 전 세계의 모든 사람이 도움을 받습니다. 저도 남편의 구원을 위해서 생명을 내놓고 기도하다 보니 오늘날 많은 성도를 섬기는 목사가 되었습니다.

내 옆에 있는 한 사람의 구원을 위해
애쓰다가 저절로 지경이 넓어집니다.

사람에 대한, 영혼 구원에 대한 안타까움과 관심을 갖고
어느 한 사람을 양육해 보십시오.
내 자랑은 하지 말고 그 사람의 구원을 위해
눈물의 편지를 써 보십시오.

위로부터의 능력이 임하지 않으면 왜 이혼의 위기가 왔는지,
왜 내 자식이 집을 나갔는지 도무지 사건 해석이 안 됩니다.

근원부터 자세히 미루어 살피면 모든 사건이 나의 결론으로 '있을 수밖에 없는' 일이란 걸 알게 됩니다. 구원의 역사에 초점을 맞춰서 내 삶을 돌아보면 예수님이 성경대로 오시고 죽으시고 부활하신 사실에 맞추어 간증할 수 있습니다.

하나님의 구속사는 나를 향해 있습니다.
그러니 오늘 나 때문에 천하가
움직인다는 걸 알아야 합니다.

절대치의 고난

인생은 각자 절대치의 고난을 안고 살아갑니다. 환경이 힘든 사람은 누가 시키지 않아도 저절로 예배를 사모하고 하나님을 찾지만, 모든 것을 갖춘 사람은 '허벅지를 꼬집어 가며' 해도 못합니다. 그러니 어떤 환경이 축복이고 어떤 환경이 축복이 아니라고 할 수 없습니다. 우리가 누릴 수 있는 최고의 환경은 내 힘으로는 아무것도 할 수 없다는 걸 인정하게 되는 환경입니다.

입시 결혼 취업 등 인생의 많은 선택 앞에서 우리는 일시적인 화평에 속아 잘못된 선택을 합니다. 자식이 대학에만 들어가면, 돈만 있으면, 취직만 하면 우리 집에 다툼이 없고 편안할 것 같지만 그렇게 얻은 화평은 너무도 일시적인 것입니다. 예수 그리스도로 인한 화평, 예수 그리스도의 십자가를 통해 먼저 하나님과 화목하지 않으면 참된 화평을 이룰 수 없습니다.

가족의 구원을 위해 요란스럽게
새벽기도, 철야기도를 가고
"교회 안 가면 내가 죽는다" 이런다고
달라지는 게 아닙니다. 구원을 위해 내가 할 일은
오직 십자가를 따르는 것입니다.

빨리빨리 뭔가 잘 되고 달라지기를 바라는 것이 아니라,
지금의 환경에서 묵묵히 십자가를 지는 것이
복음의 핵심입니다.

여자의 후손으로, 티끌만도 못한
비천한 모습으로 오신 예수님처럼,
내가 아무리 형편없고 비천해도
어린아이 같은 나와 우리 가정을 통해서
예수님이 오실 것입니다.

결혼의 목적은 행복이 아닌 거룩

행복은 믿음의 결혼이 이루어질 때 저절로 생기는 부산물입니다. 하나님의 자리에 행복이라는 우상을 갖다 놓으면 그때부터 불행이 시작됩니다. 지금은 좋을 것 같아도 근본이 하나님 뜻이 아니었디면 불행밖에 올 것이 없습니다.

결혼은 상대방에게 이해 받기 위해서 하는 것이 아니라 무거운 짐을 더 많이 지기 위해서 하는 것입니다. 배우자의 식구들, 돈, 집, 질병까지 같이 짊어지고 가기 위해서 하는 것입니다. 이 어려운 짐을 지고 저 사람과 같이 갈 수 있겠다는 확신이 있을 때 결혼을 하는 겁니다. 나를 이해해 주고 사랑해 줘서 한다는 것은 위험한 결혼입니다.

우리가 100% 죄인이기에 나 자신을 철저히 주님께 복종시키는 훈련을 결혼을 통해, 힘든 배우자를 통해 하게 됩니다. 그래서 결혼의 목적은 행복이 아니고 거룩입니다.

주 안에서 결혼을 해도 힘든 광야 길인데
처음부터 주님도 없이 하는 결혼은
생각만 해도 등골이 오싹합니다.

'돕는 배필' 즉 '에제르'에는 영적인 의미가 있습니다.
'에제르'는 성경에서 하나님을 가리켜 쓰인 단어입니다.
그런 엄청난 단어를 돕는 배필, 여자에게 썼습니다.
그러니까 아내는 남편의 종이 아니라
엄청난 하나님의 사명을 받은 자입니다.

남편을 껴안아 주십시오.
아내를 껴안아 주십시오.
남편의 가족, 아내의 가족을
다 껴안아 주세요.
서로 상대의 집안을 껴안아 주세요.
그 집안의 문화와 습관들을
껴안아 주십시오.

순종의 훈련

어려서 부모에게 순종을 못 배우고,
생활로 말씀으로 순종을 배우지 못하면
권위에 대한 순종이 안 됩니다.
결국 권위에 대한 순종이 안 되는 사람은
하나님에 대한 순종도 어렵습니다.

나로 인해 우리 가정이 예수 믿기 시작했다면 나한테 힘든 일이 많을수록 나는 순종의 훈련을 보여 주는 본보기가 될 수 있습니다. 나는 예수를 믿었기 때문에 안 믿는 부모님을, 배우자를 이렇게 섬긴다고 보여 줄 수 있는 것입니다. 그러면 자녀가 나중에 힘든 사람을 만나거나 어려움을 만나도 권위에 대한 올바른 자세를 저절로 배웠기 때문에 그 고난을 잘 이겨 내게 됩니다. 살다 보면 힘든 일이 반드시 있을 텐데 이럴 땐 어머니, 아버지가 '이렇게 하더라' 기억하면서 자연스럽게 순종의 훈련이 되는 것입니다.

어려서부터 성경적 가치관으로 순종의 훈련을 받은 자녀는 부모에 대한 존경을 부모의 가치 여부에 두지 않고, 내가 부모를 존경하고 부모에게 순종하는 것이 주님을 기쁘시게 하는 일이라고 믿게 됩니다. 그래서 부모의 약점에도 불구하고 부모를 존경할 수 있게 됩니다.

가정의 머리인 남편에게 자녀 교육의 일차적인 책임이 있습니다. 집안이 잘 되려면 아버지가 먼저 영적으로 살아야 합니다. 그래야 자녀가 삽니다. 큐티도 아버지가 먼저 하고 일주일에 한 번 정도는 온 가족이 같이 모여 가정예배를 드리십시오.

성도의 삶은 모든 것이 연결돼서 서로 영향을
주고받습니다. 하나님과의 관계가 어떠한지에 따라서
부부 관계, 부모 자식 관계가 결정됩니다.
내 권위가 아닌 하나님의 권위,
하나님의 말씀으로 자녀에게 순종의 훈련을 시켜야 합니다.

결실을 맺는 인생

백 배, 육십 배, 삼십 배의 결실을 맺는
좋은 땅은 높은 곳이 아니라
낮고 낮은 땅입니다.
어디에서도 받아 줄 곳 없는 사람들이
깃드는 곳, 그들을 품는 사람이
결실을 맺는 좋은 땅입니다.

도무지 감사할 수 없는 환경과 사람이
내 가정에 있어도 하나님은 그를 통해
나를 좋은 땅 되게 하십니다.
힘들고 아픈 내 가족을 통해
우리는 백 배의 결실을 맺는 좋은 땅이 됩니다.

죽어도 좋은 생명, 태어나지 말아야 할 사람이란 있을 수 없습니다. 성폭력으로 인한 임신, 낳아도 키울 수 없는 환경 등 낙태를 합리화할 수많은 이유가 있을 것입니다. 그러나 그 모든 것 위에 하나님의 창조 목적과 계획이 있습니다. 내자신이 그렇듯 이 땅의 모든 생명은 모태에서부터 주의 붙드신 바 된 생명입니다(시 71:6, 개역한글). 하나님의 뜻과 상관없이 잉태되는 생명은 없습니다. 하나님께서 지으시고 택하셨으므로 힘들어도 지키고 낳으면 분명 하나님께서 책임지실 것입니다. 그것을 믿어야 합니다.

우리가 당하는 고통, 그럼에도 가정을 지키려는 인내와 수고를 하나님은 보고 계십니다. 터지고 멍든 눈으로 흘리는 구원을 위한 눈물을 하나님께서 담아 두십니다.

죽음은 누구에게나 공평한 것입니다. 하나님을 나타내기 위한 내 삶의 목적에 따라 정해진 분량대로 살다 가는 것입니다. 그리스도 안에서 잘 죽는 것은 살아서보다 더 큰 영향력을 가집니다. 어떤 유산보다 값진 것이 하나님이 살아 계시다는 것, 천국을 보여 주는 죽음입니다. 나의 죽음이 다른 사람에게 천국의 확신을 보여 줄 때 많은 사람을 생명으로 인도할 수 있습니다. 나이도 질병도 막을 수 없는 하나님의 소원을 나의 소원으로 품고, 그 응답을 누리는 믿음의 사람이 되십시오.

말씀에 뿌리를 내린 사람은
하나님의 구속사를 기어하며
인생의 봄, 여름, 가을, 겨울
제 각각의 때에 순종할 줄 알아야 합니다.

가정 중수를 위한 지혜

우리 인생의 겨울이 끝날 때까지 주님께서는 기다려 주십니다. 내 인생의 겨울에 부르실 때, 인생의 겨울은 지나고 비도 그칠 것입니다. 부부간에도 끝까지 부부가 되어서 사랑하는 것이 중요합니다.

"주께서 쓰시겠다" 하면 매였던 것을 풀고 나아가야 합니다. 저의 삶에도 "주께서 쓰시겠다" 하니 모든 일이 말씀대로 응하였습니다. 주가 쓰시겠다고 하면 어떤 사건도 주가 쓰시는 사건이 됩니다.

나의 잘남과 못남은 주님께서 선하신 뜻대로 쓰시는 것입니다. 우리는 말씀으로 새로운 생명을 소유하게 됩니다. 나의 생명과 외모와 능력, 내 삶의 모든 것은 말씀으로 오신 예수님 때문에 의미를 가지게 됩니다.

천국에서는 시집 장가도 안 간다고 했습니다.
결혼과 독신은
각각 하나님께서 허락하신 은사입니다.

이혼은 절대 안 됩니다. 결혼생활에서
부부는 서로 버리지도 말고 헤어지지도
말아야 합니다. 모든 부부 문제는
분방으로부터 시작되니 힘들어도,
징그러워도, 코 골아도, 땀 흘려도
함께 자야 합니다.

뭘 적용해야 할지 모를 땐,
너무 하고 싶은 것은 하지 말고
너무 하기 싫은 것을 하는 것이 적용입니다.

좋은 열매를 맺으려면 먼저 좋은 나무가 되어야 합니다.
내 마음대로 살지 않고 하나님의 뜻을 따라 살기를
결단하는 것이 좋은 나무가 되는 첫 번째 길입니다.
좋은 나무가 되면
좋은 열매가 맺히는 것을 보게 될 것입니다.

음행을 피하기 위해
결혼하라고 하시니 환상을 깨십시오.
정욕이 불같이 타는 것보다
혼인하는 것이 나을 뿐입니다.

이 땅에서의 잠깐의 인생을 영원이라고 생각하기 때문에
전부 지옥 속에서 살고 있는 것입니다.

모든 사건은 우연히 일어나는 것이 아닙니다.
그러니 무슨 일이 있을 때마다
그 일을 복음 전할 기회로 삼으십시오.
자랑할 것은 예수님의 십자가밖에 없습니다.

결혼은 재창조입니다.
우리의 인생은 영적인 성전을
건축해 가는 기간입니다.
가정은 중수해야 할 만한
가치가 있습니다.

Designed by Family

더 깊은 묵상

모든 것을 갖추면 교만해서 오히려 괴물이 되기 쉽습니다.
그래서 원하는 배필의 부정적인 측면이 무엇이 있을지를
생각하고, 확인해야 합니다. 항상 부족한 것 없는 환경에서
인정과 사랑만 받은 사람일수록
한 번의 실패에 무너져 버리기 쉽습니다.

남자는 결혼 전에 잘해 주는 것이
제일 잘해 주는 것입니다.
결혼하고 나서 더 잘해 줄 것을
기대하면 안 됩니다.

결혼을 준비하면서 다들 주께서 정하신 만남에는 관심이 없고 내가 정한 만남에만 관심이 있습니다. 내가 만날 배우자를 정합니다. 내가 공부를 잘하고, 내가 공을 세웠고, 내가 선하고, 내가 돈이 많아서 내가 만남을 정합니다.

결혼도 인생도 내가 하려고 하니 생각이 많습니다. '어차피 잘못될 결혼을 뭐 하려고 하겠어?', '진짜 하나님이 내 짝을 정해 주시겠어?', '왜 항상 나는 이상한 사람만 만나지?', '결혼은 나를 구속할 뿐이야', '더는 상처 받기 싫어, 나는 화려한 싱글이 되겠어', '결혼했다가 이혼하게 되면 어쩌지?' 내가 하려고 하니 이렇게 부정적인 생각과 걱정 근심이 많습니다. 사랑해도 결혼을 못하는 이유가 이런 것들입니다.

드라마에 나오는 가정 문제들은 다 드라마가 끝나기 전에 반드시 해결됩니다. 그러니 길어야 6개월, 1년 안에 다 마무리가 됩니다. 이런 것에 익숙해져 있기에, 우리는 결혼 문제에서도 신속 간편한 해답을 구하고, 이미 심각한 상태에 빠진 부부 관계를 일 단계, 이 단계, 삼 단계 식으로 쉽게 풀어 줄 공식을 계속 찾는 것입니다.

현대의 많은 전문 상담가는 인간의 삶을 복잡한 심리학 이론으로 설명하려고 합니다. 그리스도인 심리학자 중에서도 '죄'와 '책임'보다는 무의식의 동기와 정서적 상처를 더 많이 이야기합니다. 그러나 그것으로는 해결되지 않습니다. 사람의 마음을 바꾸려면 반드시 하나님의 능력이 필요합니다.

그리스도의 피로 내 죄의 온전한 값을 지불하셨다는 사실을 받아들이니 나의 모든 필요가 채워졌습니다. 남편의 사랑과는 비교도 안 되는 그리스도의 사랑으로 채워지니 다른 사람에게 상처 받지 않았습니다. 행복한 사람, 다른 사람을 도와주는 사람이 되었습니다. 어떤 만남에서도 그리스도가 나를 위해 죽어 주셨다는 것, 이것을 믿기만 하면 나는 이미 보는 필요가 채워진 사람이기에 다른 사람에게 가서 구걸하고 빌붙고 거짓말할 필요가 없습니다.

예수님을 만나야만
자신의 필요로만 향하는
이기적 집착에서
자유로워질 수 있습니다.

결혼에서 중요한 것은
조건도, 용모도, 습관도 아닙니다.
오직 하나님의 뜻이 어디 있는가가
가장 중요하고,
이것을 하나님께 물어야 합니다.

모든 욕심을 접고 '하나님의 영광을 위해서'라는 분명한 결혼관을 가지고 정해 주신 배필을 찾아야 합니다. 함부로 자기의 정욕과 욕심에 따라 결정하고 불행의 책임을 하나님께 돌려서는 안 됩니다.

결혼 후 사랑이 온다는 것이
옳은 이야기입니다.

내가 믿음으로 결혼하면
사랑이 오는 것입니다.

희생과 모든 것을 치르고
얻는 것이 사랑입니다.
벌거벗은 서로의 실체를 알고
부대끼면서 살아가는 사랑이
진정한 축복입니다.

현실을 인정하는 것이 복음의 시작입니다. 내가 아프고 연약한 것을 인정하는 것이 복음의 시작입니다. 복음을 통해 서로의 연약함을 드러내고 어떠한 약점도 견디고 감싸 안아 주면서 수많은 사람을 예수 그리스도께로 인도하는 부부가 될 수 있습니다.

저는 남편에게 애틋한 사랑을 받지 못했습니다. 그런데 그 남편 때문에 하나님을 알고 나니 사랑이 생겼습니다. 결혼 전에 생각했던 인간의 사랑과는 비교도 안 되는 사랑을 알게 하셨습니다. 사랑의 넓이와 깊이가 점점 달라지게 하셨습니다.

구원의 참사랑을 경험했기에
하나님은 저를 혼자 살게 하시면서
하나님의 사랑이 무엇인가 보여 주는
모델이 되게 하셨습니다.
예수 신랑 만난 기쁨으로
살아가는 모델이 되게 하셨습니다.

힘들수록 사랑이 싹트고 그 사랑으로
모두를 살릴 수 있습니다.
배부르고 등 따뜻할 때는 사랑을 모릅니다.

혈육임에도 정말 해결하기 어려운 것이
형제간의 갈등입니다. 형제간의 화해는
하나님의 은혜가 아니면 인간이 하기 어렵습니다.
이론적인 지식이 아니라 내가 하나님의 말씀으로 회복되고
살아난 간증이 있으면 어떤 오묘한 것도
해석할 수 있는 지혜를 갖게 됩니다.
당장 받아들이기 힘들더라도
하나님의 훈계를 멸시하지 않고
말씀에 순종하기로 결단할 때,
나와 가정을 살리는 생명의 지혜를 부어 주십니다.

부자 아버지를 둔 형제들은 화해가 잘 안 됩니다.
아버지가 줄 것이 많으니 누가 더 받느냐 못 받느냐를
따지기 때문입니다. 아버지가 가난한 집 형제들은
받을 것이 없어서 화목합니다.
주고받을 게 없어서, 이해타산이 없어서 화목한 겁니다.

"엄마가 무관심했기 때문이야."
"아빠가 폭력적이었기 때문이야."
"가난했기 때문이야."
"나는 학대를 당했기 때문이야."
이런 것들은 내 고난의 이유가 될 수 없습니다.
나의 죄와 고난을 환경 탓으로 돌리고
다른 사람을 탓하는 것은 '내가 옳다. 환경이 나를
이렇게 만들었기 때문에
내가 이렇게 사는 것은 당연하다'고 하는,
내 죄를 인정하지 않는 결정적인 악입니다.

부부가 하나의 믿음으로
하나님의 뜻을 이루기 위해 살아간다면
하나님의 보호하심이
언제나 떠나지 않을 것입니다.

상처가 별이 되어

초판 발행일 ∣ 2014년 10월 20일

개정 2쇄 발행 ∣ 2023년 3월 14일

지은이 ∣ 김양재

그린이 ∣ 황중환

발행인 ∣ 김양재

편집인 ∣ 김태훈

편집장 ∣ 정지현

편집 ∣ 김수연 진민지 김윤현

디자인 ∣ 디브로㈜

발행한 곳 ∣ 큐티엠

주소 ∣ 경기도 성남시 분당구 판교공원로2길 22, 4층 큐티엠 (우)13477

편집 문의 ∣ 070-4635-5318　　**구입 문의** ∣ 031-707-8781

팩스 ∣ 031-8016-3193

홈페이지 ∣ www.qtm.or.kr　　**이메일** ∣ books@qtm.or.kr

인쇄 ∣ ㈜정현씨앤피

총판 ∣ ㈜사랑플러스 02-3489-4300

ISBN ∣ 979-11-89927-33-2 03230

큐티엠(QTM, Quiet Time Movement)은 '날마다 큐티'하는 말씀묵상 운동을 통해
영혼을 구원하고, 가정을 중수하고, 교회를 새롭게 하는 일에 헌신합니다.

이 도서의 국립중앙도서관 출판예정도서목록(CIP)은 서지정보유통지원시스템 홈페이지(http://seoji.nl.go.kr)와
국가자료종합목록 구축시스템(http://kolis-net.nl.go.kr)에서 이용하실 수 있습니다. (CIP제어번호 : CIP2020019559)